Eurus

Notus

日清・日露戦争

原田敬一
Keiichi Harada

シリーズ日本近現代史③

Boreas

Zephyrus

岩波
104

JN263266

はじめに――日本へ、アジアへ

三月を前に人形店では、お雛さんコーナーが賑わっている。内裏雛《だいりびな》の並べ方に二種類ある。男雛を向かって右に置く「京雛」と、左に置く「東京雛」である。「飛騨高山雛まつり」で市内各家に飾られている雛壇は、二種類とも見られる。「天子南面東立」という中国王朝以来の「伝統」では、「京雛」が正しい。

京雛と東京雛

では、いつなぜ「東京雛」が生まれたのだろうか。これは、江戸時代社会の持っていた風習や慣習を、一九世紀半ばにヨーロッパスタイルに切り替える大きな勢いと関係がある。「欧化」を強く意識し、そこから学び取るものは、かつての先進国、中国や朝鮮よりはるかに多いという潮流は、幕末から強くなり、明治維新後は当然の国家的判断となった。天皇家は、欧米をモデルにした立憲制の下での王権保持者として再登場した時に、並び方もヨーロッパ風に変えた(若桑みどり『皇后の肖像』)。戦前の各家庭の壁に掲げられた天皇・皇后の写真は左右に並べられたが、小学校儀式の際、二人の「御真影」は南面させ、向かって左に天皇像、右に皇后像を置け、という指示(一九〇一〈明治三四〉年の山梨県訓令等)が反映している。それが「東京雛」を全国化していった隠れた理由である。一九〇〇年五月一〇日、皇太子嘉仁《よしひと》親王(のちの大正天皇)と九条節子《さだこ》の成婚式が、天皇家史上最初の「神前結婚式」で行われた。近代市民の「結婚式」も、この成婚式とキリスト教会での結婚式をモデルに、日比谷大神宮が軽便な神前結婚式を造りだし、自宅での三三九度の祝言《しゅうげん》(すなわち人前結婚式)を挙げる、という「伝統」を切り崩して広がっていった。「日本」を上から下まで「欧化」という波で包んだのが、明治維新という政治的事件の文化的現れだった。「欧米」モデルをどのように学んでいたのだろうか。

欧米から

一八七一(明治四)年から七三年までの岩倉遣外使節団が見てきたものについて、久米邦武《くにたけ》『米欧回覧実記』は雄弁である。自然から国家まで広く見てきたことは事実であるが、やはり「富国強兵」策に大きな関心が寄せられていた。同時期にフランスにいた旧幕臣、成島柳北《なるしまりゅうほく》は「劇場と美術館のパリ」を見ていたが、使節団は「要塞と工場のパリ」を見なければならなかった(前田愛『成島柳北』)。彼らは、十分訓練された軍隊に驚き、英国ではアームストロング社やヴィッカース社、プロシアではクルップ社を念入りに見学している。強力な軍隊を持ち活用したために、政治や経済、社会がどのように変化したのかをたどることは、日本近代史の理解に欠かせない。一八九四年からの一〇年間で戦争を三回経験する日本近代は、戦争という外圧と軍隊という内圧で国家と社会を変える経過を当然視するようになる。

必死で学んだ成果は、維新後二十数年間の国家財政がほぼ黒字であったところに現れている。

つ、内政を進めねばならず、その関係は、「初期議会」期にさらに激化する。帝国議会での議論と政争こそが、「初期議会」期の健全財政をもたらしている。この時期の政争を権力闘争という狭いコップの中だけで捉えずに、近代国家のあり方をめぐる構想競争という文脈の中で捉え直したい。前巻での対立と競争は、本巻でもまだ続いていたのである。

岩倉使節団が学んできたものが生かされた、と言えよう。彼らは民権派との緊張関係をもちつ

アジアから

アジア各国が認めたのは、「初期議会」期の日本、つまり欧米流の近代化を進めながら、民党との議論と政争を経て、立憲制の「小さな政府」と議会を造りあげたことだった。独立した国民国家像を死にものぐるいで探りつつあった朝鮮(韓国)や、衰退するエネルギーをなんとか復活させ、王朝を延命させようとした清国などが、積極的に日本への留学生を送り出してきたのは、欧米文化を手近で学べる、便利な隣の家庭教師としてだった。清朝の有力政治家の一人張之洞《ちょうしどう》は、「中(清国)東(日本)の勢力、風俗相近く、仿行《ほうこう》(真似)し易《やす》し」と述べ、日本留学を勧めている(『勧学篇』)。清朝末期の日本留学生は、一九〇五、六年には八〇〇〇人を数えたという。学ぼうという意志は多くの青年を未知の小国に導いた。

多くの留学生を支える国家的制度が日本や清国にあったわけではない。欧米がアジアに経済侵出し、権益を拡大しようとして「アジアの危機」が生まれていたが、アジアの各国・地域も紡績業と在来産業を中心に国民経済の形成を進めていた。その中で、印僑や華僑などのネット

ワークが作られ、広がっていた（籠谷直人『アジア国際通商秩序と近代日本』）。これこそ、留学生たちのもう一つの受け皿であり、それを頼りに康有為《こうゆうい》や孫文など政治亡命者が日本に入ってくる。甲申事変の失敗により金玉均《キムオッキュン》ら朝鮮政府の高官も亡命してくる。インドのラス・ビハリ・ボースが亡命し、東京・中村屋の相馬《そうま》愛蔵・黒光《こっこう》夫妻の厚遇を受けたこともよく知られている。彼らの亡命に、日本政府は欧米列強や清国の圧力に対して、正面から強く対処することができず、頼りなかったが、亡命者たちはアジア間貿易で形成されたネットワークを信頼して危険を冒していた。権力者の恣意的な処断が行われやすい他のアジア地域とは異なり、罪刑法定主義が確定している近代日本、という構造がもう一つの依拠すべき条件だったのだろう。江戸期の法制度とは断絶して、欧米法の諸制度が定着する経過も、この時期の検討課題である。

文明文化の双方向性

近代日本が、欧米文化の学習で優等生だったことが、一九四五年の破滅を呼ぶことになるが、それは未来の巻で描かれるだろう。問題は、優等生だったことが一方的に強調されることである。日本で欧米文化を消化し、翻訳語を作り、清国や韓国などの漢字文化圏に輸出していったことだけが語られ過ぎている。

一五世紀から一九世紀にかけての中国文明が、まずヨーロッパ文明を消化し、アジアに送り出していったことが、なぜこんなに簡単に忘れられたのだろうか。日本が、世界を把握できたのは、まずヨーロッパ語を中国で漢訳したものを通じてであった。地球・地中海・紅海・熱帯などの地理用語、病院・大学・文科・理科などの社会用語などは、イタリア人イエズス会士アレニの世界地理書が、一六二三年に『職方外紀』全五巻として漢訳刊行され、日本に輸入された結果、使用された。数学も、中国での翻訳語をそのまま使っていて、現在では意味がわからなくなっているものさえある。幾何(中国語発音のジオ)、代数、方程式、微分、積分など。中国製の「万国公法」はその後箕作麟祥《みつくりりんしょう》が作った「国際法」に取って代わられたが、温度を示す「摂氏」「華氏」は現在でも使っている。一九世紀に入り、さまざまな洋書の翻訳が必要となった時、こうした傾向はいっそう強くなった。一八一〇年代には「英華辞典」が著され、漢訳洋書の主なものはほとんど、かなりの部数で幕末日本に輸入され、影響を与えた。その頂点の一つに、W・ロブシャイト『英華字典』全四巻(一八六六~六九年)や、J・ドーリットル『英華萃林韻府』(一八七二年)などがある。ロブシャイトの字典には、日本の逆輸出の可能性もあるが、その前提はすでに一八~一九世紀の清国における洋書翻訳活動にあった。

確かに、杉田玄白らの『解体新書』翻訳以来、医学から物理学、化学、天文学などの諸学問へと広く訳されるようになると、日本製の新造語が大量に生み出されることになった。その場合でも、彼らフロンティアは、漢字の表意性に依拠して、漢語の持つ造語能力を最大限に発揮したことも指摘しておかねばならない。例えば、「重力」＝zwaarte(重さ)＋kragt(力)、「焦点」＝brand(燃える)＋punt(点)などは、漢語の威力を熟知していた江戸時代知識人であったから可能となった新造語である(吉田忠「『解体新書』から『西洋事情』へ」、湯浅茂雄「明治期の専門用語と漢字」)。国民一般に語りかけることを目標として、難解な造語より、平易で達意な翻訳を心がけ、近代化の指導者となった福沢諭吉も、清国の『康熙字典』を頼りに文字を探し出し、熟語を造り出していた。例えば、「汽」から「蒸汽」や「汽船」「汽車」を作っている(同)。「欧化」の学びは、いわばアジアの共同作業として遂行されたのである。こうした知の力は、近代日本においてどのような形で継承され、拡大していくのだろうか。

近代日本とアジア

現代の日中で使用される漢語の実態を調査した研究によると、同形語のうち、六八%が中国古典を典拠とし、一七%が日本製と認められるという(高野繁男・王宝平「日中現代漢語の層別」)。全体的に中国の漢語力の強さを示すが、軍事用語と経済用語では近代日本の造語が多くなる。共同作業の中に、日本からの持ち込みが有力になったのである。このことは、アジアにおける日本の軍事力と経済力の成長を言葉の面で示している。急成長したアジアの小国が、どのように対外関係を構築したのか。これも本巻の課題である。

本巻が「シリーズ日本近現代史」の中で担当するのは、第一回帝国議会の一八九〇年から日露戦争までの一五年間だが、日露戦争の国際政治的決着は韓国併合と考えるので、一九一〇年まで少し射程を延ばしている。アジアと日本の国家と社会に二つの戦争がいかに大きな変化をもたらしたのかを、世界とアジアの中で考えていきたい。

目次

引用史料は、スペースの関係と、分かりやすさを重視して、原文の味わいを生かしつつ、部分的に口語訳にしたところがある。またカタカナ混じり文をひらがな混じり文に、漢字をひらがなに替えたところもある。なお、引用文中かっこ内の説明は、筆者がつけたものである。

第1章　初期議会

「尻を据え風呂湯の中廻り持ち」．左から松方正義，伊藤博文，山県有朋，黒田清隆．1885年からこの4人が回り持ちで内閣を組織したことを風刺している（田口米作画，『団団珍聞』1895年12月28日）．

1　憲法実施の一挙

トルコと日本

トルコは失敗したが、日本ならうまくできると思う、と激励されました、金子堅太《けんた》郎《ろう》は宮中で得々と語った。一年ぶりの拝謁《はいえつ》で、明治天皇への帰朝報告は一時間余りにもなっている。一八九〇(明治二三)年六月六日に帰国した金子は、翌日午前には山県有朋《やまがたありとも》首相への帰朝報告、八日には伊藤博文(この時は第一線から退いた宮中顧問官)へ書簡を出し、一九日に明治天皇への復命に向かった。復命というより講演に近いものだったが、「天皇特に椅子を賜《たま》いてその言《げん》を尽《つく》さしめたまう」(『明治天皇紀』七)と、金子を坐らせて好きなように語らせるというものだった。その場には、山県首相も同席を命じられ、謹聴していた。

金子が天皇に述べた内容はわからないが、同月二五日の国家学会例会報告「欧米見聞意見」と同じものだろう。アジアの君主国トルコ帝国は、日本より一四年も前、一八七六年一二月に帝国憲法公布、翌年三月第一回議会召集と進んでいたが、露土戦争の勃発と皇帝アブデュル・ハミト二世の専制化により立憲制は有名無実となった。トルコ史上、「エヴェト・エフェンディム(Yes, sir)議会」と呼ばれるこの議会は、同年中に解散され、憲法も停止に追い込まれた。報告では、あるヨーロッパ人が、その事実を挙げて「一体亜細亜《アジア》人種が欧羅巴《ヨーロッパ》流の憲法を実施するも到底好結果を得たる例なし」「これを危《あやぶ》ん」でいる、と告げたので、金子は「頭脳も破れ割くべき鉄槌《てっつい》を下された」と衝撃を受け、「この実施の如何《いかん》は日本国の恥辱《ちじょく》と名誉との岐《わか》れめの境界なり」と強調した。「トルコの覆轍《ふくてつ》」という言葉は二回も登場する。報告を「日本将来の運命を判決」する「憲法実施の一挙」に「満腔《まんこう》の熱血を灑《そそぎ》身命をもって従事せん」と結んだ金子の悲壮な決意は、一九日の復命の際にも示され、天皇と山県首相にも共有されただろう。

「憲法実施」と超然主義

「憲法実施の一挙」とは、五カ月後の一一月に開会する帝国議会第一回議会(以下、第一議会)の運営、とりわけ歴史上初めての民意による国家予算の成立を意味している。「対岸より刮目《かつもく》」している欧米人の評価は、一にこの点にかかっていた。

第一議会は、政府の「軍備拡張」政策と民党(自由民権運動以来の歴史をもち反藩閥を掲げる政党)の「民力休養」要求の対抗、政府と民党の対立で彩られることになるが、「世界史」の一こまとして、アジアでの立憲制の成否が、政府・議会ともに意識されていた。このことは、民党の代表である板垣退助にも自覚されていた。第一議会が予算を成立させるかどうか、という緊張した時期に、「世界史」の中にいる自分たち、を実感していただろう。

伊藤博文や山県有朋らは、藩閥政治家と官僚を主体にした政治遂行を基本と考え、「超然《ちょうぜん》主義」とよんでいた。しかし、政府系政党の準備として、伊藤博文の盟友、井上馨《かおる》によるいわゆる「自治党」組織化の動き(失敗に終わる)や、軍人政治家鳥尾小弥太《こやた》を中心とする「保守党」

結成への運動が進められた。彼らは政府寄りの「吏党《りとう》」と呼ばれる。伊藤や井上らは、政策議論集団を政党として認めており、決して「反政党」一本槍ではなかった。

内閣改造

山県首相は、第一議会にむけて内閣のシフトを変えた。当初の伊藤博文内相案は、伊藤が受けず、しかたなく伊藤抜きの内閣改造に踏み切る。内相に西郷従道《つぐみち》海相を転じさせ、後任の海相には同じ薩摩閥の樺山資紀《かばやますけのり》海軍次官を昇格させる。榎本武揚《えのもとたけあき》文相を更迭し、芳川顕正《よしかわあきまさ》内務次官を後任とする。岩村通俊《みちとし》農商相も更迭し、陸奥宗光《むつむねみつ》駐米公使をあてる。民党との関係があると見られた陸奥の起用が、議会対策であることは明瞭だった。

陸奥と芳川の起用案は、明治天皇が難色を示した。陸奥は、西南戦争に絡んで入獄した政治犯の経歴があり、芳川は人望がないと天皇は指摘した。明治天皇は、しばしば政治的判断を示し、政治に介入していたが、最初の議会を迎えることもあり、山県首相の意志に従った。

これらの内閣改造が実現したのは五月一七日。総選挙まで四四日という時期のことだった。

内閣の権力構造

一九〇〇年代に入るまでの政府を「藩閥政府」という用語で表現することが多い。旧藩を基とした人脈により、「薩長土肥」から明治一四年政変以降の「薩長」という藩閥推移が認められる。人脈の色分けで考えられたこれらに対し、最近の研究は、権力構造という点から二つの権力という考えを示した(佐々木隆『藩閥政府と立憲政治』)。

明治維新の第一世代権力者である三条実美《さねとみ》・岩倉具視《ともみ》・西郷隆盛・大久保利通・木戸孝允《たかよし》が

一八八〇年代後半までに姿を消すと、第二世代の伊藤博文・山県有朋・井上馨・山田顕義《あきよし》の長州派、黒田清隆・西郷従道・松方《まつかた》正義・大山巌《いわお》の薩摩派が、政治的経歴を積み上げ、一八九〇年代には政権維持に不可欠の人材と考えられるようになった。本書では彼らを呼ぶ時に、明治天皇が、彼らに特別な親任の意を表した勅諭を個々に発したことで成立する「元老」とは異なった意味で、「元勲級」と表現する。八人の「元勲級」政治家が、どの方向を向くかにより具体的な政治が動いていく。彼らの公的地位如何に関係なく、「事実上の権力」として機能を持っているのが、「藩閥政治家」の現実の姿であった。一八八五年内閣制度が始まったときの伊藤内閣の一〇人の閣僚には「元勲級」全員が含まれており、「事実上の権力」と「制度上の権力」が一致していた。次の黒田清隆内閣には七人、山県内閣でも五人が入閣していた。

維新第一世代が肉体的生命による消長を見せたように、第二世代にも同じ問題が起きてくる。その時、第三世代との間でどのような権力抗争や問題が起きてくるのか。

帝国議会、最初の選挙

帝国議会のメンバーを選ぶ作業は、貴族院から始まった。貴族院は、成年以上の皇族・公爵・侯爵全員(第一議会で計三八人)、伯・子・男爵の互選による議員(計一〇五人)、各県一五名の多額納税者からの選出議員(計四五人)、皇族・有爵議員総数を超えない勅撰議員(内閣の指名で天皇の任命。第一議会の場合六〇人)で構成される。

第一回衆議院総選挙の二〇日前、六月一〇日に多額納税者議員選出のための互選会が各府県で一斉に開かれた。当選者四五名には地主が二二人、実業家が二一人含まれる。一人あたり納税額は平均約一五〇〇円で、地主層では二〇〇ヘクタールとなる。当時の平均的自作層一ヘクタールの二〇〇軒分にあたる。彼らの中にも五名、自由党や立憲改進党の政治活動を行っている人物がいた。しかし、帝国議会最初の選挙が、有産者を選ぶ互選会であったという事実は、政府が帝国議会にかけた期待は何だったのかをよく表している。

第一回総選挙

ついで七月一日に全国一斉の衆議院議員総選挙が行われた。有権者は、国税一五円以上を納める男子四五万人のみだった。総人口四〇〇〇万人の約一%を占めるに過ぎず、多くは農業を営む地主や自作層だったが、身分に関係なく立候補権・投票権が認められ、税金の支出法や法律を自ら決めるという議員の選挙が行われたのである。全国で約一五〇〇人が候補者となり、五倍の競争から抜け出して、議員となった。民党と呼ばれる政党からの当選者が合計一七〇名と過半数を占めた。内国勧業博覧会の開催

図 1-1　第三回内国勧業博覧会．1890 年 4 月 1 日～7 月 31 日の間，東京・上野公園で開かれた．第 1 回総選挙の投票日は 7 月 1 日．天皇が左，皇后が右に描かれている（豊原国周画，1890 年）．

中を投票日とし、有産者が議員になるという前例としての貴族院多額納税者議員選出から始めた、政府の雰囲気作りは破綻した。民党でも大統一政党作りは失敗したが、総選挙直前の五月一四日、愛国公党（板垣退助派）・自由党（大井憲太郎派）・大同倶楽部（河野広中《こうのひろなか》派）の旧自由党系三派は「自由主義」派の合同、統一政党結成を決めていた。彼らは九州進歩党（九州同志会ともいう）も含め、八月二五日立憲自由党の結成を決定し、九月一五日に結党式を行った。

伯子男の選挙

総選挙が終わって一〇日後の七月一〇日、伯爵、子爵、男爵の互選会が行われた。爵位は、江戸時代の公卿や大名、さらに明治維新で功績をあげた伊藤博文、山県有朋、勝安芳《やすよし》（以上は伯爵）などに、「皇室の藩屏《はんぺい》」として期待され、授爵されていた。伯爵以下の互選会は、蒟蒻《こんにゃく》版（平版印刷の一種）の宣伝ビラが配布されるなど、衆議院選挙なみの競争が行われた。競争が激しかった理由の一つは議員歳費であろう。自動的に貴族院議員になる皇族・公爵・侯爵は無給だが、その他の貴族院議員は歳費八〇〇円が与えられた。

九月二九日には「国家に勲功あり又は学識ある者」を内閣が推薦し、天皇が任命する勅撰議員六〇名が発表になった。民間から渋沢栄一（第一銀行頭取）、岩崎弥之助《やのすけ》（三菱当主）なども選ばれたが、帝国議会開設と同時に廃止になる元老院から二七名の議官が選ばれ、法制局や省庁からも選ばれるなど、政府系の牙城がめざされていた。板垣退助は、天皇からも勅任の内示があったが、断った。第一議会の開会まであと二カ月だが、まだまだ準備は残っていた。

衆議院の過半数獲得に失敗した政府は、集会条例(一八八〇年四月制定)を再検討し、七月二五日に集会及《および》政社法として改めて制定した。集会手続きの簡素化や臨席警察官の集会解散権の縮小など改善も見られたが、政治結社の支社設置や他の政社との連結通信を禁じ、民党連合の成立を法律上制限する措置を取った。

集会及政社法

未成年者と女性の政談集会参加と政社加入や、帝国議会開会中三里(約九キロ)以内の屋外集会・デモンストレーションを禁止する二条が新設された。後者は、民党の重要な構成要素となっていた院外団の活動を規制するものである。政府は、議会外からの圧力で議員が動揺し、安定した議決が行えないことを恐れていた。このことは、地主層を中心とする衆議院議員が、国家意識や歴史意識を政府と共有し、「憲法実施」という課題に向かって共に手をつなげる、と政府が楽観的に考えていたことを示している。

伊藤貴族院議長

貴族院の議長・副議長は、選挙ではなく、天皇の選定・任命制だったが、容易に決まらなかった。山県らは、円滑な議会運営を求めて、伊藤の助力に期待していたが、伊藤は拒み続けた。

事態が動いたのは一〇月下旬である。天皇の熱心な説得を受け、「第一議会だけ」という異例の条件で伊藤が折れ、一〇月二四日、議長伊藤博文、副議長東久世《ひがしくぜ》通禧《みちとみ》の勅任となった。天皇の懇請に負ける形で引き受けた伊藤博文の政治力は周囲を驚かせただろうし、そこまで明治天皇が政治に介入する姿は「天皇親政」に近いものがあった。第一回帝国議会開会まであと一カ月だった。この日天皇は、半年ぶりの乗馬を楽しんだという。

2　第一議会の攻防

第一議会と地租軽減

第一議会は、一八九〇年一一月二五日召集、二九日開会で、翌年三月七日に閉会する。この間九〇日間。両院で審議された法案は、政府提出一〇、衆議院議員提出四一、貴族院議員提出二、合計五三件で、うち六件(政府提出四、衆議院議員提出二)しか可決成立しなかった。最大の焦点は国家予算であり、憲法上先議権がある衆議院に、まず提出された。

一二月八日から始まった予算委員会は、ようやく二七日に歳出予算原案から八〇六万三一九六円を減額した査定案をまとめた。これは軍備拡張費用にはまったく手をつけず(純粋の軍事費は五万円減)、山県内閣の富国強兵の《国是》そのものに叛逆したのではなかった。査定案の「説明書」は「これを地租軽減資金に充用」と、減額分を地租軽減に充てると明記していた。衆議院の多数は、政費節減と地租軽減で一致したことがはっきりした。

こうした事態を受けて閣議が頻繁に開かれ、九一年一月一二日の臨時閣議は「その節減し得

図 **1-2**　第一議会の開かれた衆議院．日比谷の一角に建てられた木造の仮議事堂だったが，1894 年 1 月 20 日に全焼した(ビゴー画，『ジャパン・エコー』1890 年 12 月 15 日号)．

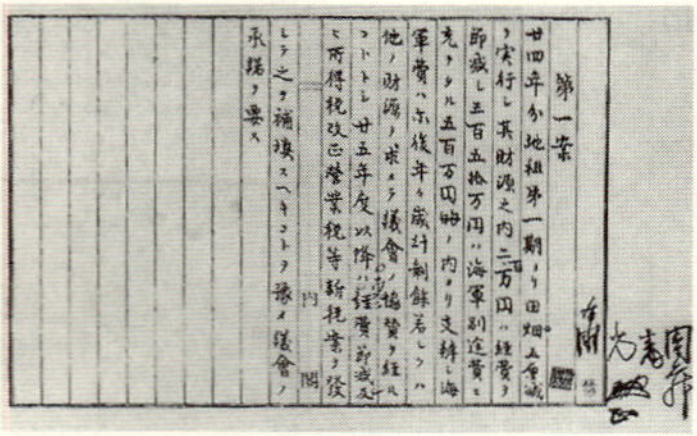

第一案
廿四年分地租第一期ヨリ田畑五厘減
ヲ実行シ其財源之内二百万円ハ経費ヲ
節減シ三百五拾万円ハ海軍別途費ニ
充テタル五百万円ノ内ヨリ支辨シ海
軍費ハ爾後年々歳計剰餘若シクハ
他ノ財源ヲ求メテ議會ノ協賛ヲ経ル
コトトシ廿五年度以降ハ経費節減又ハ
所得税改正營業税等新税案ヲ設
ケテ之ヲ補填スヘキコトヲ務メ議會ノ
承諾ヲ要ス

図 **1-3**　発見された閣僚決議．伊藤博文の手元にあった機密書類を編纂した「秘書類纂」原本(宮内庁書陵部蔵)から見つかった．

たる費額を使用するの目的を議するに方《あた》りこれを地租軽減に充てんとするの説」が「諸大臣の同意する所となり只《ただ》一二大臣において異見あるものの如《ごと》しと雖《いえど》も閣議各大臣粗《ほぼ》これに一定せり」(「秘書類纂」原本)となった。出席していた山県首相ら八人が、次の文書に花押《かおう》・印章を記した。最近発見された新史料である(図1－3)。

第一案　廿《にじゅうよ》四年分地租第一期より、田畑五厘減を実行し、その財源の内二百万円は経費を節減し、三百五拾万円は海軍別途費に充てたる五百万円の内より支弁し、海軍費は爾後年々歳計剰余もしくは他の財源を求めて議会の協賛を経ることとし、廿五年度以降は経費

節減及び所得税改正営業税等新税案を発して、これを補塡すべきことを予《あらかじ》め議会の承諾を要す

こうして政府は、地租軽減策の採用に踏み切ったが、発表はしなかった。ただその財源としての五五〇万円の捻出は、衆議院の八〇六万円削減査定案とは異なっていた。一月一二日の閣議は、地租軽減実現と、その財源としての政費節減をセットにした衆議院多数派の議論に対し、前者を認めて世論をおさえ、財源には憲法第六七条を楯にして、衆議院多数派の大幅な政費節減案を認めず、第六七条に触れないような部分的節減二〇〇万円と、海軍拡張に充てるべき「海軍別途費」のうち七割に及ぶ三五〇万円により確保するというものである。閣議の議論では、地租軽減を実現しなければ「衆議院の意思に背反し、その不満足を生ずるや、疑うべからず」と、衆議院との決裂に至るという発言があった（「経過説明書」）。明らかに閣僚の多数は、衆議院多数派の議論を認めて、予算案を通過させるために妥協しようとしていた。

憲法第六七条とは何か。八〇六万円削減査定案は、省庁の統廃合や官僚削減などを含んでおり、政府と非民党系の大成会などが猛反対していた根拠であった。憲法第六七条の規定を具体的に述べると、①憲法上の大権に基づく既定の歳出（公的解説書『憲法義解』では「官制・陸海軍の編制に要する費用・文武官の俸給」など）、②法律の結果による歳出（「議院の費用・恩

給年金・法律に依れる官制の費用及俸給の類」)、③政府の義務歳出(「国債の利子及償還・会社営業の補助又は保証」など)については、政府の同意なしでは帝国議会はその廃止や削除ができない。『時事新報』(一八九〇年六月三〇日)は、政府の言い分では「六千幾百万円」が既定歳出となり、審議するのは「僅《わず》かに千幾百万円」となってしまう、と批判している。焦点は、六七条費目削減の可否を予算審議のどの段階で政府に同意を求めるかにあった。

井上毅《こわし》法制局長官は、一月初旬の閣議の経過を渡辺国武《くにたけ》大蔵次官から聞き取り、財源確保を後回しにした地租軽減実現宣言を公表して、財源確保の方策(営業税の国税化など)が否決されれば、「アトニモ、サキニモ行けぬ結果ニ立至《たちいた》リ、薩長政府ハ泣キ面下ゲテバカ〱敷《しく》、辞職する有様を近日ニ見るに至るべし」と危機感を表明していた(一月九日付書簡)。

「中等以下人民の意」

第一議会開会中に届けられたある意見書に、井上は添削を加え、自ら「経費節減論」と命名した。前文に、政党の「第一の武器」である「政費節減と地租軽減」は、「浅薄」なようだが、今日においては「形勝の地を占むる者」(有利な場所)である。この策は「実に中等以下多数人民の意に投」じているからだ、と述べており、井上の考えでもあった。

危機を迎える

山県首相も、一月一二日の臨時閣議の決議は不本意で、二四日の松方蔵相宛書簡で、政費節減を認めても、その剰余分を地租軽減に充てるのではなく、海軍拡張と治水策に充当するのが適当である、と伝えている。松方正義は「優柔不断の先生」(伊東巳代治《みよじ》)とまで酷評される人物であり、山県首相は必死に松方を説得していた。

二月五日、井上は山県首相に、対応如何によっては貴族院も敵に回る可能性を指摘している。伊東巳代治貴族院書記官長は、二月二三日「或《あるい》は狂浪怒濤《きょうろうどとう》のために止《や》むを得ず解散せざるべからざるに到らん」と伊藤博文に書き送った。最初の帝国議会は、予算審議未了、議会解散という事態を迎えることになる可能性が、この時点では高かった。

衆議院の形勢転換

査定案は、一月九日から衆議院本会議での審議に移った。査定案廃棄の動議は、二度も否決された。非民党議員の中にも「政費節減」に賛成する者がおり、「政費節減」は衆議院の多数派となっていたが、六七条に関わる予算削減で対立が続いた。

井上毅たちの努力により、大成会の天野若円《じゃくえん》が、六七条費目について衆議院の確定議前に政府の同意を求める緊急動議を出すことになった。二月二〇日、天野動議は、賛成一三七、反対一〇八という票差で可決された。賛成の中に自由党の中の旧愛国公党派がいた。彼らは脱党し、自由倶楽部を結成した。板垣も遅れて二六日自由党を脱党する。

二一日、自由党の中江篤介《とくすけ》(号は兆民《ちょうみん》)議員は、「亜爾格児《アルコール》中毒」で「行歩《こうほ》艱難《かんなん》」として辞職届を出し、二七日、衆議院は一票差で兆民の辞職を認める。兆民は、今や衆議院は政府の前に「腰を抜かして」「無血虫《むけっちゅう》の陳列場」となったと自由党機関紙『立憲自由新聞』上で罵倒した。

こうして議会は「電光石火の如く突如として、一大回転」(『公爵山県有朋伝』)したのである。二六日の衆議院は、特別委員選出議案を可決し、九名全員を大成会等のグループで独占した。特別委員選出の一時間後、詔勅による九日間の会期延長指示が命じられた。

選出された特別委員は、さっそく夕刻から政府と協議に入った。「軟派」と新聞で冷評された特別委員であったが、主張は衆議院多数派に近いものだった。衆議院で採択された地租軽減と政費節減を政府も認めるべきだと迫っている。

政府委員は地租軽減については語らず、政費節減については最終的に六五一万円削減を承認した。政府の当初予想案より五〇%以上上乗せした予算削減の実現であり、「中等以下多数人民の意」を背景とした衆議院の大きな抵抗を見て、最初の国家予算通過という課題を優先させた政府判断だった。

地租軽減から国防・治水へ

政府は密かに地租軽減策の採用を認めていたが、天野動議以後の衆議院の展開を見て急転する。二月二七日夜の緊急閣議では、地租の軽減論は「容易の事にあらず、また政略上の得策にも」ないと放棄され、節減分を「国家の急務なる国務及治水の両費のために供用せんことを主張すべし」と国防・治水策採用が決定された。

政費節減という、吏党や無所属議員も巻き込んで衆議院の多数派を形成した政策の必要は認めるが、それを民党のスローガン通り地租軽減に充てることまで譲歩せず、国防・治水策で切り崩そうという、次の政局を見越した政治方針の決定であった。国防充実と、明治維新後急速に悪化している治山治水の再建策は、民党の支持を得る可能性があった。

三月二日午後衆議院本会議は、六五一万円削減案を含む「明治二四年度予算案」を可決した(賛成一五七、反対一二五)。政府は予算案の衆議院通過、民党は予算審議権の実践と確立、とそれぞれの政治的地歩を確保した一瞬である。

貴族院に予算案がようやく提案されたのは、三月三日午前の本会議で、延長された議会会期も五日しか残っていなかった。衆議院の修正予算案をそのまま通すのか、と猛烈な反発が起こったが、貴族院の多数は、予算不成立は「国家の大事誠《まこと》に憂うべきなり」という松方蔵相らの説得に応じた。貴族院も「政費節減」という要求を承認していた。五日午前二時に審査を終わらせた予算委員会報告は、同日午前から六日にかけて一気に審議され、可決となった。こうして「明治二四年度予算案」は成立した。ここに国家を揺るがした第一議会は終わった。

三月八日午前に宮中で開かれた閉院式は、天皇、山県首相、伊藤貴族院議長と第一議会の主要人物がいずれも欠席して行われた。第一議会を乗り切ることはできたものの、議会運営の困難さを考えると気の重くなる結果であった。

松方内閣の成立

山県は、議会終了後の三月に罹《かか》った流行性感冒の快復後も「気力また旧《もと》の如《ごと》くならず、遂《つい》に意を決し」(『明治天皇紀』七)、四月九日辞任と伊藤の再任を内奏した。伊藤も、西郷従道も拒んだため、結局松方正義蔵相が首相を兼任することになり、五月六日松方内閣が発足した。

松方内閣は山県が去っただけで、他の閣僚は留任した。議会対策の舵をどのように切るのか、薩摩派の元勲として松方は、躊躇《ちゅうちょ》しつつも自負するものを持って出発した。

民党の課題　民党にも課題は山積していた。予算案の審議にほとんど重点が置かれ、新しい法律案の提案や成立について有権者の期待に応えることはできなかった。元自由党の井上角五郎《かくごろう》は「重要なる所の議案を議定することを得ず、色々様々の法律を議定することが出来なかった」と第一議会での対応を批判した。提出された五三本の法律案のうち、成立したのは一一％の六本にすぎず、多くは時間切れで審議できなかった。明治期の帝国議会での議員立法提案は一議会あたり四九本、大正期のそれは二九・六本、昭和期には二三・五本と帝国議会の提案能力は、最初の二〇年間が抜群であったが、その姿は第一議会ではまだ見られなかった。

立憲自由党は統制不足を露呈していたから、組織作りの必要があった。三月二〇日の党大会で、幹事による集団指導体制を総務（総理）一人による個人指導体制へと移行し、新設の総務（総理）に、再入党した板垣退助を選出した。党名も立憲を削った。立憲改進党との合同を模索していた路線を解消し、自党強化をめざすことになった。

民党の協力関係も、一一月には板垣と大隈重信の会見、四団体懇親会（自由党、改進党、自由倶楽部、無所属議員）と模索された結果、自由倶楽部（土佐派）は自由党に復党した。自由党の組織構造は、大井憲太郎ら院外団を排除し、議員中心の政党となることを目指していた。もともと議員政党である立憲改進党も含めて民党は、藩閥を乗り越える新しい権力構造である「政党内閣」へ向かって変化を続けていく。

3　積極主義への転換

籠城主義から積極主義へ

民党は、政費節減を帝国議会の多数意見とすることに成功し、政府をその点で追いつめたが、削減分六五〇万円を何の項目に使うかという点については未決のままだった。地租五厘減を実現する地租改正条例改正案を貴族院が否決したため、歳出から削った六五〇万円は、そのまま国庫に剰余となった。ここに着目して劣勢を挽回すべきだと進言したのは、井上毅法制局長官だった。

七月五日井上は、伊藤博文宛書簡で、政府は前内閣のように「籠城主義」を取るべきではなく、治水、興業銀行、鉄道買収、北海道開墾に、剰余分六五〇万円の支出を決めなければならない、と述べている。産業育成などの「事実」をもって議会対策としなければ政府は乗り切れない、というのが井上の戦略構想であった。政治的に民党の基盤に切り込み、財政動員もする「積極主義」の登場である。松方首相もこの案に賛成し、第二議会へ提案することとなる。

図1-4　「魯国皇太子着京之図」(東州勝月画，1891年)．来日したニコライ皇太子を天皇と皇后が東京駅で出迎えている図だが，想像画．大津事件で皇太子は東京に向かわず帰国した．

大津事件

松方内閣発足の五日後、五月一一日に大事件が起きた。来日中のロシア皇太子ニコライ・アレクサンドロヴィッチ(のちの皇帝ニコライ二世)が、滋賀県大津町において、沿道警備の巡査に襲撃され負傷したのである。皇太子は、従弟のギリシア王室ゲオルギオス親王と、ロシア軍艦七隻を率い、長崎から海路東京へ向かう途中だった。

犯人津田三蔵《さんぞう》の処分をめぐり、刑法第一一六条「天皇三后皇太子ニ対シ危害ヲ加ヘ又ハ加ヘントシタル者ハ死刑ニ処ス」を適用して、死罪にすべきだと迫る松方首相に対して、児島惟謙《これかた》大審院長は、刑法第一一六条は天皇等に適応すべき条文であり、外国の皇太子等に適用できない、法律により処断する(罪刑法定主義)のであって、内閣の政治的決定に従えない、と強く抵抗した。司法省でも、司法省顧問のパテルノストロが一般謀殺罪の未遂罪が適当であるとし、ほぼ一致していた。これならば刑法第二九二条(死刑)、第一一二条(未遂は「刑ニ一等又ハ二等ヲ減ズ」)、第一一三条第一項(重罪は前条適用)により、無期徒刑

（重労働を含む懲役）となる。

一五日の御前会議では、三好退蔵検事総長の、裁判官の意見は一般謀殺罪である、に対し、伊藤が「戒厳令を布《し》き、極刑に処せしむることとせん」と述べて、第一一六条適用を結論とする。政府主導で、第一一六条適用、そのため通常の地裁―控訴院―大審院という三審制ではなく、一挙に大審院審理という筋書きが強行されることになった。しかし、七判事は、児島院長の働きかけ、山田法相の「黙示的な理解」（楠精一郎『児島惟謙』）もあって、政府の意見に従わず、判決を下した。刑法第二九二条が適用され、「謀殺未遂の犯罪」として、無期徒刑となった。

司法権の独立と法律家専門制

刑法第一一六条適用に児島がねばり強く反対し、貫いたのはなぜか。児島が松方首相と山田法相に提出した「意見書」（『大津事件日誌』）は、三権分立の意味からではなく、欧米からの介入に、不遡及《ふそきゅう》原則や罪刑法定主義をもって対抗するために、司法権独立が重要である、と述べている。

松方首相は「国家存在して初めて法律存在し、国家存在せずんば、法律も生命なし」と強く迫った。これに児島が抵抗できたのは、リーガル・プロフェッショナリズム（法律家専門制）が確立されつつあったからだった。裁判官と検察官の、専門性を理由とする終身官制であり、彼らの身分保障の確保が、司法権独立という憲法上の規定を担保する制度であった。

大津事件の処理から不協和音が生まれていた。伊藤は「事毎《ことごと》に容喙《ようかい》してほとんど一身に外務、内務両大臣の職権を兼帯するごとき観ありしかば、予《よ》は心はなはだ平らかならず」(『青木周蔵自伝』)と青木外相に嘆かせたほど、事件の処理に没頭する伊藤の行動と権力は、出発したばかりの松方内閣を空中分解させた。大津事件が落着し、五月二九日、青木外相が引責辞職して榎本武揚枢密顧問官が後任となった。三日後、西郷内相、山田法相、芳川文相も辞職した。

松方内閣改造の意味

改造された松方内閣(閣僚一〇名)は、①松方以外に元勲級がいない、②藩閥主流である薩長出身者が四名になった、とこれまでの内閣とは異なった色彩となった。薩長藩閥で政治的有力者と見なされた元勲級八人は、前三代の内閣には全員ないし過半数が閣僚として入っていた。松方改造内閣では一変して、松方以外が閣僚を引き受けず、歴史的に形成されてきた「事実上の権力」(元勲級政治家集団)が閣外から、「制度上の権力」である内閣に影響力を行使しようとする。それを新聞ジャーナリズムは「第二流内閣」や「緞帳《どんちょう》内閣」と揶揄《やゆ》した。品川弥二郎《やじろう》内相の後ろに山県、陸奥農商相の後ろに伊藤という「黒幕」がいるというわけである。

「藩閥」という密室の政治集団に基礎を置く限り、権力構造の分化は避けられず、かえって政治の不安定を招く、と社会も認識を強めていった。そこに政党政治や政党内閣への期待が存在する基盤があった。

「積極策」を採用した松方内閣の「明治二五年度予算案」は、一八九〇年度の剰余分六四五万円に、その前年度の剰余分五二一万円を加えた一一六六万円を一時的財源として、陸軍軍備費・軍艦製造費・製鋼所設立費・河川修築費・北海道土地調査費等の継続事業六カ年計画九〇七万円をたて、そのうちまず三一五万円を歳出予算に組み入れた。製鋼所設立は「兵器船艦の製造に最も必要の材料たる鋼鉄」(松方首相演説)を生産するためで、軍備拡張と産業振興に大胆に踏み切った歳出予算案であった。

第二議会と海軍拡張予算

一八九一年一一月二六日開会となった第二議会劈頭《へきとう》、内閣は緊急勅令第四六号について議会の承認を求めた。この勅令は大津事件に際し、内務大臣が新聞雑誌・文書図書の事前検閲を行い、違反者に軽禁固・罰金の刑を科す、という内容で五月一六日に公布施行となっていた。憲法第八条第二項に基づき、帝国議会の事後承諾が必要だった。品川内相は提案中「後日万一の必要に備え」たい、と存続の意志を付け加えた。「緊急勅令」は、法律と同等の効力を持つが、事前に議会に諮らず、枢密院のみが関与する、いわば「非議会立法」である。最初の緊急勅令の事後審議をどのように行うか、立法権について帝国議会の真価が問われていた。だが、一二月二五日の議会解散により審議未了となり、第三議会に持ち越される。

衆議院予算委員会は、海軍省予算臨時部のうち軍艦製造費と製鋼所建設費など七九四万円削減を決議し、一二月一四日の本会議に報告された。松方首相は、憲法第六七条に関しては「徹頭徹尾不同意を明言するに在るのみ」と一切の妥協を拒む強硬姿勢を示した。
一二月二二日、衆議院本会議に登壇した樺山資紀海相は、軍艦建造費削減に怒り、

現政府は此《かく》の如《ごと》く内外国家多難の艱難を切抜けて、今日まで来た政府である、薩長政府とか何政府とか言っても今日国のこの安寧を保ち、四千万の生霊に関係せず、安全を保ったと云うことは、誰の効力である(笑声起る)
(『衆議院議事速記録』3)

という「活気」ある演説を原稿もなく行い(『毎日新聞』一二月二三日)、議場は大波乱となった。ただちに新聞号外は「開会以来未曾有《みぞう》の大紛擾《だいふんじょう》」を伝えた。翌日の新聞は「失言」と攻撃し、のちに「蛮勇演説」とよばれる。
この夜の閣議に、特に列席した井上枢密顧問官・伊東枢密院書記官長はそれぞれ衆議院解散を勧めたが、後藤象二郎逓相と陸奥農商相が強く反対し、翌日の閣議でも決着しなかった。

明治天皇と衆議院解散

不安に思った天皇は二三日深夜、特使を松方に派遣し、議会対策を尋ねさせた。これが、逡巡していた松方の決心を促すものとなる。二五日に衆議院本会議が総額八九二万円の削減を決めると、松方は衆議院解散を奏請した。閣僚の中では、陸奥と後藤が解散に同意せず、陸奥は、解散策を取れば抗議辞職するのではないかとまで危惧

された。天皇が内閣の分裂を避けよと松方を督励《とくれい》して、松方は最後に陸奥らを説得しきった。

天皇の政治参画により事態は切り開かれている。こうした状況に伊藤博文は楽観的で、政党の「徒《いたずら》に激変紛争を逞し国家百年の長計を誤るが如きあるは朕《ちん》が実に望む所にあらず」と反政府基調をたしなめる詔勅を出すことを求めたが、井上毅は「王室をもって政略家の利用とする嫌《きらい》」(伊藤宛伊東書簡)があると最も強く反対して、中止となった。

解散の結果、前年度予算が執行されることになる。第一議会に続き予算案審議が中心となり、重要法案が成立しない状況となった。地域の名望家層が政党を見る目は厳しくなっていった。

伊藤博文の新党計画

伊藤は事態を憂慮し、松方内閣に一二カ条の「内閣鞏固《きょうこ》ならざる原因」(『伊藤博文伝』)という警告書を送った。末尾に「第十二　黒幕の後援を恃《たの》み、却《かえっ》てその責任に重きを措《お》かず」と記し、「制度上の権力」である閣僚が、「事実上の権力」である元勲らを背景として活動するために、内閣としての統一が取れなくなった事情を指摘している。二つの権力の矛盾を認識した伊藤は、一月に自ら政党組織に踏み切る決意を「天皇主権の大義を標榜する一政党を組織し、自由民権主義の党派を圧倒して内閣を援《たす》くる」(同)と天皇に上奏した。大成会中心に四〇〜五〇名程度(最大党派の自由党は九二名、立憲改進党は四三名)の新党結成で優位に立とうという戦略である。

この意見に明治天皇はもとより、井上馨・黒田清隆・品川弥二郎・榎本武揚・山県有朋のいずれも賛成しなかった。二月二三日の元勲会議(伊藤、山県、井上、黒田、松方、西郷、大山)でも政党組織化反対が大勢と見ると、伊藤は病と称して枢密院議長の辞表を提出した。二六日天皇から辞任許さずとの意思が表明され、政党組織化の動きもいったん止められた。

第二回総選挙と大選挙干渉

一八九二年二月一五日を投票日として第二回臨時総選挙が行われることになった。総選挙についても民党切り崩しに全力をあげるべきだと品川内相と樺山海相が主張し、陸奥農商相と後藤逓相が、立憲政治の本義にもとると反対したが、これまでにない選挙対策を取ることになった。解散直後に、松方首相・品川内相・白根《しらね》専一《せんいち》内務次官らからなる非公式の選挙対策本部を設置し、杉孫七郎宮内省内蔵頭《くらのかみ》の管理する内閣機密金基金からの五〇万円や天皇のお手許金《てもときん》一〇万円と計六〇万円以上が支出された。

政府調査で死者二五名、負傷者三八一名という流血の惨事が二府(京都・大阪)八県で起きる大事件となり、民党は「選挙干渉」と強く批判した。政府の意図を読み取り、使命感と危機意識に駆られた府県知事のもと警察部局が暴走・独走したことが大事件を呼んだ。

その結果は、自由党九四、立憲改進党三八で民党は過半数に一八議席届かなかったが、三〇〇議席の四四%と善戦した。松方や品川の直接指示ではなかったにせよ、流血で総選挙が彩られたことは、世論の強い非難に曝されることになった。「選挙大干渉」事件を契機に、松方ら薩摩出身元勲政治家と伊藤博文ら長州出身のそれとが分裂する様相を示すようになる。

第2章　条約改正

司法省(ドイツ人建築家ベックマン設計，1895年竣工，現存)．条約改正を求める井上馨は首都を西洋風に大改造する首都計画を立てるが，失脚し，完成したのは司法省と裁判所のみ．しかし，西洋文明の担い手としての国家意識は，以後も国内・植民地・租借地を問わず，西洋建築を建て続けさせる．

1　シベリア鉄道と日本

シベリア鉄道の「脅威」

一八九一（明治二四）年五月、大津事件に遭遇したロシア皇太子ニコライは、天皇に面会する予定だったが、最大の公務は六月初旬にウラジオストックで行われるシベリア鉄道の東方起工式への参加だった。未来の国王が軍艦七隻を率い、四月二七日長崎港、五月六日鹿児島、九日神戸港、一五日横浜港、二七日仙台、三一日青森港と日本を縦断するさまは、軍事的デモンストレーションを兼ねていたのだろう。

ヨーロッパ・ロシアと極東ロシア間約七四〇〇キロをつなぐシベリア鉄道の敷設計画は、一八八五年に発表された。一八九一年になってロシアがフランスからの借款に成功してようやく着工可能となったもので、八月に結ばれる露仏協約の経済的成功をも意味していた。日本政府の『官報』（四月二五日）は、七〇〇万ルーブルの資金により、「本年中に西伯利《シベリア》鉄道及その他若干線路の工事に着手」するという三月五日付英紙『タイムズ』の報道を「外報」として掲載している。ロシアは、アジアへの連絡が容易となり、巨大な陸軍をも派遣できる、と考えられた。

山県有朋は、ロシアが持っている「シベリア鉄道」構想を早くから警戒し、その完成は日本の脅威となる、という認識を絶えず広めていた。

①「軍事意見書」一八八八年一月（ただし、②とともに九〇年三月山県内閣閣僚に提示）
熟々《つらつら》宇《う》内方今《だいほうこん》の形勢を按《あん》ずるに亜細亜《アジア》において英露両国相軋《あいきし》りもって東洋の一大波乱を起すは将《まさ》に数年を出でざらんとす、事情此《かく》の如《ごと》くその切迫を致したるは何ぞや、加奈陀《カナダ》太平洋鉄道と西伯利《シベリア》鉄道敷設の挙とに依《よ》りて英国の東洋航路を短縮し露国軍隊の東向を駿速ならしめたること是《これ》なり。

②「外交政略論」一八九〇年三月
我邦利益線の焦点は実に朝鮮に在《あ》り、西伯利鉄道は已《すで》に中央亜細亜《アジア》に進みその数年を出《いで》ずして竣功するに及では露都〔サンクト・ペテルブルグ〕を発し十数日にして馬に黒龍江に飲《の》ぶべし、吾人は西伯利鉄道完成の日は即ち朝鮮に多事なるの時なることを忘るべからず。

③「軍備意見書」一八九三年一〇月
露国が侵略をもって対外の政策と為《な》し彼もし隙《すき》あらば我直《ただ》ちにこれに乗ぜん（中略）かの西伯利亜鉄道の敷設の如き即ちこれがためにしてその工事の進歩は実に東洋の危機を速かにするものなり（中略）果して然らば今より十年の後西伯利亜鉄道全通するにおいては露国は必ず蒙古を侵奪するに至るべく或は延《ひい》て支那の内地に及ぶもまた知るべからざるなり。

④「軍備拡充意見書」（上奏）一八九五年四月一五日
今や西伯利亜の鉄道漸次《ぜんじ》その工を進めその落成将《まさ》に数年の中に在らんとす、豈《あ》に戒心せざ

るべけんや。

⑤「北清事変善後策」一九〇〇年八月二〇日（宛先・青木周蔵外相）
今や西伯利亜鉄道未だ全《まった》からず満州経営未だ成らざるに先《さき》だち我と兵端を開くは顧《おも》うにまた露の好まざる所なるべし。

⑥「東洋同盟論」一九〇一年四月二四日（宛先・伊藤博文）
露の満州を窺《うかが》うや既に久し、東洋鉄道の敷設旅順《りょじゅん》大連の経営等皆永久の占領に基かざるはなし。

シベリア鉄道計画の発表から三年後に最初の指摘（①）があり、着工前に計二回その完成が朝鮮などに「多事」（戦争のこと）を起こすと言い切っている（①、②）。③では、日本の敵国は清や朝鮮ではなく英仏露だとし、日清戦後の④では、「東洋の盟主」となるには一層の軍拡が必要と述べる。⑤、⑥は北清事変後の対応をまとめている。以上のいずれにも主な情勢認識にシベリア鉄道の進行状況が入っていた。

英国権益とロシア進出

一八九〇年から九一年にかけて英国の態度が急変し、日本の条約改正交渉に好意的になる。榎本外相は「意想外の結果」だったと指摘している（榎本「条約改正に関する断案」一八九一年）。日本外務省のベテラン顧問デニソンは転換の理由を「畢竟《ひっきょう》、西伯里鉄道の刺激に坐せり」と見ていた（同）。英国は、一八〇五年のトラファルガー海戦以来、大西洋・地中海からインド洋へと制海権を広げ、アジアへの水路は大英帝国の通路であるかのように制覇していた。だが、それを脅かす可能性がロシアから起きてきた。ロシアは、南部へのカスピ鉄道を施設し(一八八八年完成)、トルクメニスタン地方の綿花を輸入して紡績業を発展させ、インドと対抗していた。次に、フランス資本によるシベリア鉄道施設計画が現れた。榎本外相は、「蓋《けだ》し西伯里鉄道は英国の東洋における特権を剝奪するの利器」(同)だと見ていた。英国のアジアでの権益は、シベリア・カスピ両鉄道により東西から脅かされる事態に陥っていた。パックス・ブリタニカの危機を、日本ではどう解釈していたか。

榎本外相の前任者、青木周蔵は、シベリア鉄道で「露国は一檄の下毫末《ごうまつ》の妨碍《ぼうがい》なくして直に精鋭なる大兵」をアジアに派遣できる、と軍事力増大の危険性のみを指摘し(「東亜列国之権衡《けんこう》」一八九〇年五月)、山県の想定に近い。ロシアに脅かされる英国の権益という認識を山県や青木は論ずることなく、軍事力による抗争の危機のみを語り、軍拡路線の肯定に走る。しかし、これ以外の情勢判断が実は存在していた。

シベリア鉄道の経済論

ヨーロッパ・ロシアからアジアへの大鉄道計画、それは構想当初から欧米で、さらに日本で話題になっていた。一八八四年四月二七日の『読売新聞』が「露領亜細亜の大鉄道」と題して、『ニューヨーク・ヘラルド』の記事を転載したのを最初に、間断なく『タイムズ』などヨーロッパ経由のシベリア鉄道情報を伝え続けた。「嗚呼《ああ》双頭の鷲の旗〔ロシアの国旗〕影閃《ひらめ》きて幾十万の兵士を欧州より容易に東洋に送るを得るは近日に在り、東洋の安危も茲《ここ》に至って決すべし」(同一八九〇年三月一三日)、シベリア鉄道は「全く軍事上の必要に基くことは何人《なんぴと》も疑わざる所なり」(大井憲太郎、同一八九一年四月一一日)と軍事的危機を訴える記事も散見されるが、多くはシベリア鉄道を貿易・工業振興論で捉えていた。

最も早いのは、一八八九年五月二三日の『読売新聞』社説「舞鶴港とバンクーバー」だろう。シベリア鉄道の完成によりウラジオストック港は「独《ひと》り魯国東洋の軍港たるのみならず必ずや東洋一の商港とならん」、同港への物資補給には舞鶴港充実と鉄道敷設や輸出振興を図るべきだ、という論旨は、関西財界で議論していた舞鶴への鉄道計画(阪鶴鉄道、土鶴鉄道、京都鉄道など)をも展望した経済論だった。一八九二年四月には東京経済学協会も、シベリア鉄道開通による開港地や制度について調査報告をまとめている(『東京朝日新聞』四月二〇日)。ロシアは中国をめざしていて、日本の危機に直結しない(仁礼《にれ》景範《かげのり》海軍中将、同一八九〇年三月一七日)、など軍事筋の楽観論も紙面にあり、山県流の危機感だけが国内を駆けめぐっていたわけではない。

パックス・ブリタニカへの挑戦

一八九三年一〇月一九日のロシア政府・シベリア鉄道委員会は、シベリア鉄道の完成で、ロシアの経済的利益が増大することに注目し、対中国、対日本の貿易拡大計画案を作り、委員会に提出することを蔵相に求めると決議した(ロシア紙『ノーヴォエ・ヴレーミヤ』一〇月二一日)。「シベリア鉄道が、ロシアの商工業の中心地と東アジアの豊かな国々とを近づけ、わが国の商工業に巨大な貢献をなすことは疑いない」と期待する同紙は、ヨーロッパと自国市場で苦戦しているロシアの産業を勇気づけるものだとして、「東アジアにおいては、国際貿易はまだ初歩段階にある。したがって鉄製品・綿製品をはじめとする多くのロシア製商品は巨大な販売市場を見出すことができる。(中略)ロシアは、シベリア鉄道という新しい世界的幹線に関して中心的な位置を占めているため、特に有利な立場に立っているのだ」と述べ、東アジアを大きな市場として確保する鍵はシベリア鉄道敷設としている。「(中略)」では「中国茶は現在大部分が専《もっぱ》らイギリスの船でヨーロッパに輸出されているが、これもその輸出の多くをシベリア鉄道に移行させることができよう」と、大英帝国の茶貿易を崩壊させるような期待もしている。

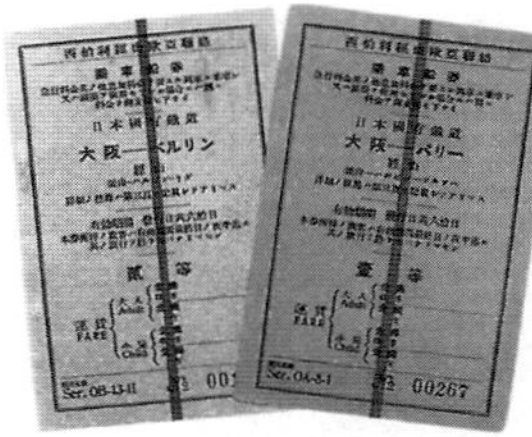

図 **2-1** 「西伯利経由欧亜連絡乗車船券」．日露戦争が終わり，日露協商の締結などで正常な経済関係に入った日露では，1911 年シベリア鉄道を使い，新橋－大阪－下関－釜山－ハルビン－リガ－ベルリン(パリ)などの連絡を一枚の切符で発売するようになる(天理大学附属天理参考館蔵)．

この期待は、貿易の展開から権益の拡大、維持に向かい、さらに軍事力による権益確保という道も想像できるが、最終段階である軍事的圧力という部分だけを肥大化させたのが、山県や青木の「危機感」だった。それは、パックス・ブリタニカを支える最も忠実な軍事力として包摂される日本、という国家像の登

図2-2 「廿五年貴族院議事之図」(梅堂小国政画，1892年)．同年は第三特別議会，第四通常議会が開かれた．議長席の後ろに天皇が座るのは，玉座が貴族院にしかないため．現在でも参議院で開会式を行うのは，この玉座の設置による．

場を予想させる。

2　引き続く議会との対立

勅令第四六号問題

第二回総選挙の結果を受けて、一八九二年五月二日、第三議会が召集された。貴族院の開会冒頭、先に見た事前検閲についての「勅令第四六号」の承諾請求案が提出され、委員会があっさり承認したものの、本会議では政府の濫用も考えられ不承諾とする谷干城《たにたてき》らの意見も強かったが、承諾案が可決された。衆議院特別委員会では将来の濫用を危惧して不承諾、本会議では、それだけでなく、大津事件の際に「斯《かく》の如き緊急勅令は毫《ごう》も必要」がなく、「行政権をもって司法権を蹂躙《じゅうりん》せんとするの考」と制定そのものの否認意見が強く、承諾案は否決された。政府は、両院の協議会を開くことなく、衆議院の承諾案否決を、憲法第八条後段にいう、議会の不承諾にあたるものと捉え、勅令四六号廃止を告示した。

衆議院では、緊急勅令を規定した「憲法第八条の濫用」「不当不正なる勅令」とまで勅令四六号を批判した。衆議院の議論と不承諾の採決は、立法府の行政府に対する独立性を示したものので、衆議院の貴族院に対する優位性をも認めたものだった。日本の近代国家を律する根幹は大日本帝国憲法であるが、その機能を明確にし定着させるには、政府・帝国議会・司法府でいくつもの試練を潜《くぐ》らねばならなかった。

松方内閣問責決議案

第二回総選挙における政府の干渉政策が問題になった。貴族院は、「今や地方到《いた》る所官吏の選挙に干渉したるを忿怒《ふんぬ》し、官吏を敵視する」として、政府の責任を問う建議を可決した。

ついで自由党、立憲改進党、無所属議員らの横断的な連名で、選挙干渉問題に関する上奏案が、衆議院に提出された。「行政百司《ひゃくし》擅《ほしいまま》に職権を私し（中略）選挙競争の間、法律その効を失い、正邪その別を淆《みだ》し、紛紜《ふんうん》擾乱、殆ど政府なきに類す」という「乱虐非法」の状態を招いたのは「内閣大臣の責」である、と天皇に訴えた内容だった。上奏文の文字などをめぐり、無所属議員の賛成が得られず、一二日の本会議では一四三対一四六で否決となる。二日後、無所属議員の中村弥六《やろく》が、「官吏がその職権を濫用して選挙権を侵犯したるはその証跡明確（中略）内閣大臣は宜しく反省してその責に任じ自ら疏決《そけつ》する所なかるべからず」との内閣弾劾決議案を緊急動議として提出したところ、一五四対一一一で可決した。

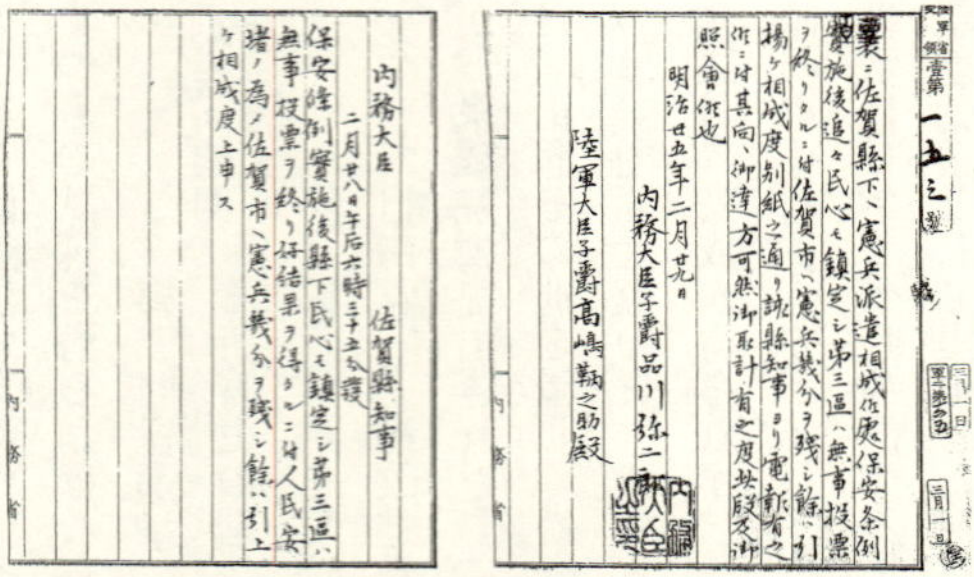

図 2-3　憲兵引き揚げを要請する品川内相の高島陸相宛公文書(1892 年 2 月 29 日). 15 日に投票が終わった後も憲兵が残留していた. 品川内相宛の佐賀県知事電報は「無事投票を終り好結果を得た」と報告している(アジア歴史資料センター蔵).

閣僚間では解散説と非解散説が対立して決着がつかず、結局一週間の停会を命じて、様子を見ることになった。停会中の五月二一日午後八時、政府は保安条例を施行し、民党の壮士一五〇名余を東京市外に追放する処分を行った。民党の背後に、院外団である壮士の動きがある、と判断しての保安条例施行だったが、議会はそれ自身のエネルギーで動き続けた。再開後の五月二六日、衆議院は保安条例廃止案を可決する。

予算査定と両院

第三議会での政府提案は、第二議会にかけていた新規予算のほか、軍艦製造費、製鋼所設立費、震災予防調査会設備費、鉄道関係法案などであった。議会再開後に審議されたこれらの議案は、第二議会と同じように衆議院でほとんど否決された。貴族院では、衆議院が査定して削除したうちの軍艦製造費、震災予防調査会設備費を復活させた。両院で異なった査定となったので、両院の間で予算先議権の論争がおきた。天皇は枢密院への諮詢《しじゅん》を経て、予算に関する協賛権に両院の差はない、と勅裁《ちょくさい》した。貴族院の予算案復活修正手続きは承認された。憲法第六五条「予算は前に衆議院に提出すべし」という原則に、予算審議権では両院対等という新規定を加えることになる。両院協議会は、貴族院の復活させた軍艦製造費は認めず、震災予防調査会設備費のみの復活を承認した。一八九二年度追加予算一八九万九〇〇〇円は、原案から九一万六〇〇〇円減額となった。

鉄道と民党

鉄道をめぐる政府と民党の対決は、この議会で決着がつく。第二議会で政府は、私設鉄道買収法案と鉄道公債法案を提出したが、否決されていた。政府は第三議会にもまったく同じ法案を衆議院に提案し、鉄道期成同盟会案、自由党案、河島醇《じゅん》案など五種類の法案が並んで審議にかけられた。衆議院の委員会はこれらを折衷し、予定路線についても第一期線として六路線（中央線・北陸線・北越線・奥羽線・山陽線・九州線）を公債五〇〇〇万円で建設する鉄道敷設法案をまとめた。さらに三路線追加とそれに伴う公債六〇〇〇万円案の修正も施され、鉄道敷設法案として衆議院を通過した。貴族院でも承認された。

鉄道政策は、井上毅が、第二議会対策として「専《もっぱ》ら進取の気象」を示す重要な四施策の一つとして「私設鉄道の買上」を挙げていたことでもあった。伊藤博文に提言された、清水市太郎「対議会策」も「鉄道布設問題は党派分裂策の上乗」と指摘していた。地租軽減＝減税による「民力休養」策ではなく、鉄道敷設による「民力育成」策への転換を、民党も模索し始めていた。鉄道敷設法は、予定線の変更や工費、私設鉄道の買収額など帝国議会が関与する事項が極めて多く、以後の鉄道政策は議会の指導の下に置かれることになる。地域間利害の調整も帝国議会を軸として行われることになった。

松方内閣崩壊

松方首相は、議会閉会後天皇に辞意を表明し、後任として伊藤枢密院議長を推した。協議せよ、という天皇の指示により、松方・黒田・山県・伊藤が集まる。伊藤は「黒幕総揃《そうぞろい》にて入閣すべき説」(『伊藤博文伝』)を展開し、「我目的を貫通せんとする明治政府末路の一戦」だから相互いに提携して取り組むべきだと迫った伊藤は、拒む山県を遂に説得しきった。伊藤は、自ら内閣首班を引き受ける決心をする。

「黒幕総揃」で組閣するとは、制度上の権力(内閣)と事実上の権力(元勲)を一致させることであり、内閣の統一を保つための唯一の方策であった。ただこの方策は時限性のもので、元勲自身が内閣を組織する体力がなくなると採用できない。元勲を権力基盤とする限り、制度上の権力と事実上の権力は形式的には分離しつつ、内実は不可分だから内紛が続くこととなる。

ところが、高島鞆《ともの》之助《すけ》陸相や樺山海相らの反発を見て、「後入斎《ごにゅうさい》」(後の意見に従う、という悪口)松方は辞意を翻して、混乱を閣僚の更迭ではかることにした。河野《こうの》敏《と》鎌《がま》農商相兼法相を内相兼法相に転じさせた。河野は、民党の攻撃目標である白根《しらね》専一《せんいち》内務次官を免職し(宮中顧問官に転じる)、知事数人を更迭する人事異動を行ったが、この異動は「栄転」の形を取ったため、民党は「斯《かか》る手緩《てぬる》き処分にては望《のぞみ》なし」と批判した(『東京朝日新聞』七月二六日)。内実は処分であったため、高島陸相、樺山海相、大木喬任《たかとう》文相らは猛反発した。松方首相は、二派に分かれた閣僚の板挟みになり、結局辞職する。

3 伊藤博文と自由党の模索

伊藤元勲内閣の登場

ついに辞職した松方首相の後任をめぐり、連日「元勲会」(『東京日日新聞』八月四日)が開かれた。伊藤しかいない、との結論に、伊藤は元勲総出の内閣を提案して首班就任を承諾し、一八九二(明治二五)年八月、第二次伊藤内閣が成立する。

憲法施行後は初めての首相就任となる伊藤は「藩閥政治家中、技倆《ぎりょう》経験伯の右に出づる者甚だ稀なり」(『毎日新聞』八月九日)と高く評価されてきた。元勲級政治家で入閣しなかったのは山田と西郷で、藩閥代表者勢揃いの「所謂《いわゆる》元勲内閣」(『時事新報』八月九日)となった。実力の一端は、選挙干渉に関係のあった安場保和《やすばやすかず》愛知県知事ら地方官を更迭した内務省人事に現れている。

伊藤首相は、府県知事らを集めた地方官会議で、「徒《いたずら》に上命に盲随するは、知事の職任にあらず」と厳命し、選挙干渉策の再発を戒めた。選挙干渉を実行し、非職や転任の処分を受けた古参地方官は、こうしていったん政界の表舞台から姿を消す。

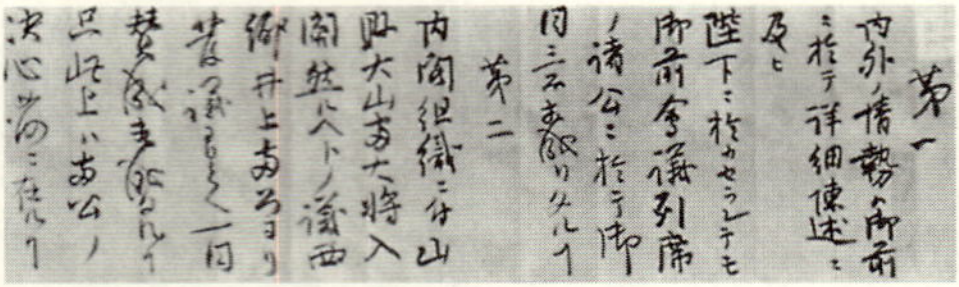

図 **2-4**　第二次伊藤内閣を組織するにあたっての伊藤博文の覚書．伊藤は組閣にあたって，御前会議の必要と天皇の同意，山県と大山の入閣など条件を提示し，認めさせた．

またこの処分は、民党との力ずくの対決が無力である、という判断を示し、藩閥勢力は第三の道を探さねばならなくなった。それは第二次伊藤内閣の顔ぶれにも見えている。松方内閣では副島種臣《そえじまたねおみ》・後藤象二郎・河野敏鎌の三人が政党系の政治家と見られ、その処遇をめぐって薩長藩閥系政治家との軋轢《あつれき》が生まれ、内閣総辞職へと向かった。第二次伊藤内閣では、後藤や「陸奥河野両氏の切れ者」(『毎日新聞』八月九日)など政党系の有力者が加わり、彼らを軸に政党を動かし、議会を乗り切る、その方針で閣僚を纏《まと》め上げる、というのが伊藤の戦略だった。

自由党の模索

自由党は、鉄道法案に示されたように、政府の積極主義政策を取り込もうという方向を模索し始めていた。一一月九日頃、板垣邸に集合した星亨《ほしとおる》、河野広中、松田正久、竹内綱《つな》ら自由党の幹部は、「自由党は世間の風評に構わず、飽《あく》まで積極構造的な(Positive Constructive)の方針を執り、この主義に合う者は総《すべ》て採用する事、吏党とか民党とか批判に構わざる事」を決議する。積極的政策には「政府の事と雖《いえど》も助くべきは助くべし」と伊藤内閣支持もありうる方針転換を考えていたが、一党大会等で公表する時期だとは考えていなかった。

第四議会と海軍予算

第四議会(一八九二年一一月二九日開会、翌年二月二八日閉会)での主要な政府提案は、明治二六年度予算案(歳入八五八三万円、歳出八三七六万円)、田畑地価特別修正法案、三税改正法案(酒造・煙草・所得税)である。歳出案には、甲鉄艦二隻製造費初年度分、巡洋艦・報知艦製造費、合計三三二万円が計上されていた。政府は、地租改正時の調査不十分により地価決定が不公平、という声に応え、総額一億五〇〇〇万円の地価低減を実施し、その結果地租減収となるため、三税増収で補おう、という計画だった。衆議院予算委員会の査定は、歳出案から一〇・六%の八八四万円を削減するという大鉈《おおなた》を振るったものだった。海軍省の軍艦製造費全額などの減額が主である。

本会議はほぼ査定原案を認めた。六七条費目の同意を要求する衆議院に対し、井上馨臨時首相代理(伊藤首相は交通事故で静養中)は不同意を表明した。貴族院は、衆議院で可決されていた田畑地価特別修正法案を否決する。予算減額の場合、貴族院に働きかけ、同法案を否決すべし、というのが伊藤首相の指示だった。議会終了後の三月、『国民新聞』は、伊東枢密院書記官長がある貴族院議員に「明日も何卒《なにとぞ》必ず御出席、委員報告の通《とおり》原案を否決候様《そうろうよう》御尽力被下度《くだされたく》」(一月一三日付)という手紙を出していた、と暴露し批判している。

妥協の余地がなくなった衆議院は、政府に考慮の時間を与えるとして、六日間の休会を決議した。伊藤は、民党が政権奪取をめざしており、妥協の余地はない、議会の上奏権を活用し天皇に訴える戦術なら、逆に詔勅を活用して事態打開を計ろうと考え始める。

休会あけ、河野広中らは、内閣の更迭か議会議決尊重かのいずれかを措置するよう求める上奏案を、衆議院に提出した。政府は直ちに一五日間の停会詔勅を出した。停会後再開された審議では、上奏案が一八一対一〇三で可決された。閣議は議会を非難し、①上奏に勅答を与え、政府・議会の協議を求める、②直ちに衆議院解散、の二策を天皇に上書した。

和衷協同の詔

翌日天皇は、政府と議会に詔勅「在廷の臣僚及帝国議会の各員に告ぐ」を下した（いわゆる和衷《わちゅう》協同の詔《みことのり》）。①憲法第六七条費目は規定であるから紛議の原因としてはならない、②内閣に行政整理を命じる、③国防は重要なので、内廷費節約により毎年三〇万円、「文武の官僚」給与一〇％を六年間歳入に入れ、製艦費補足に充てる、④内閣と議会が役割分担し、「和協の道」を進むことを望む、という全文二五九字の短いものだが、重要な論点が示されていた。①六七条費目を政府のいう聖域としながら、②行政整理による経費節減は必要だ、と民党の言い分も認め、③製艦費の必要から、中央官庁給与の時限的削減による補塡、という別個の行政整理を求めている、④それらの妥協を協議により実現するように、と政府・民党の両者に期待する。衆議院と政府の妥協の道が示されたことは、天皇の統治権の発揮や政府に有利な解決で、民党の屈服となったように表面的には見えるが、実際は両者の痛み分けであり、衆議院や政党にとって政権へ近づく跳躍台が確保されたのである。

この結果、衆議院の特別委員と政府の協議が始まる。政府は六七条費目のうち四九万円削減に応じると答え、予算委員会は、六七条費目の範囲を限定するべく審議を開始し、議会の関与できる自由費目と政府義務費目に分離する検討作業に入った。この作業は第四議会では終わらなかったが、もはや第一議会のように、六七条費目は政府と民党の対決項目ではなくなる。

建艦費と行政整理

衆議院予算委員会の再審査は、歳出案を八一一三万円とした。建艦費は七カ年継続事業費とし、政府原案より一四七万円減額の一八〇八万円を復活させた。衆議院の予算修正案可決に続き、貴族院も衆議院に同調した。第一議会に続き、数日の予算審議時間しか確保できなかった貴族院は、予算に関して第二院化していることが明らかだった。

図 **2-5** 「五月人形蔭弁慶」. 最大の実力者伊藤博文首相でさえ議会の動向には苦慮し，演説中止・保安条例・出版物発行停止・議会の停会や解散などを駆使しても押さえきれなかった. 天皇まで動員して詔勅も出したことは描かれていない(『団団珍聞』1894 年 4 月 28 日).

予算修正案全体は、政府原案から二六三万円削減となり、一二月の予算委員会査定案八八四万円削減より大幅に復活したように見える。しかし、二六三万円に文武官献納費一四八万円を加えると、事実上の削減額は四一一万円となる。大紛糾した第一議会の削減額六五一万円に対し、第四議会の削減額はその六二%を認めさせた。六七条費目を聖域とする政府の考え方は否定され、憲法に明文規定がないものは、議会と協議して定めていくルールが作られつつあった。藩閥政府といえども、憲法の一方的・恣意的解釈をしない、という慣習は、初期議会における政府・民党の対決の中で形成されていったのである。

板垣退助自由党総理は、第四議会前に「海軍の組織を改革しその基礎を確立し、進《すすん》で海軍拡張の大方針を定《さだめ》る事」(自由党『党報』第二八号)とし、海軍改革が先行すれば海軍の拡張を進めると述べていた。そこをテコに自由党と伊藤内閣の妥協を進めることが可能となった。その黒衣《くろご》は、星亨自由党代議士と陸奥宗光外相である。

政府との妥協に向かう自由党に、立憲改進党などの批判が強まった。批判の焦点は条約改正問題である。条約改正により日本の関税課税権が新設されれば、地租減税も可能となる期待が自由党にあった。初期議会での対決で行政整理を政府に約束させたが、第四議会での「和衷協同の詔」により一部は建艦費に充てられることになり、「政費節減」は軍事以外に限られた。「和衷協同の詔」が求めた行政整理は、合計三一七二名(勅任一四、奏任三九三、判任二八六五)の減員、俸給・庁費など一七〇万円削減の効果を上げる。自由党は、「頭数よりこれを言えば随分大改革」とした(『党報』第四八号)。

4　条約改正と帝国議会

対外硬六派　一八九三年一〇月に結成された大日本協会は、国権を弱めるとして「内地雑居尚早論」を掲げて政府の条約改正案に反対していたが、組織は東洋自由党（大井憲太郎ら）・政務調査会（神鞭知常《こうむちともつね》ら）・同盟倶楽部（楠本正隆《くすもと》ら）・国民協会・貴族院議員（曾我祐準《すけのり》、鳥尾小弥太ら）など超党派の連合団体で、吏党の国民協会の代議士も四〇名以上参加していた。第五議会を前に現行条約励行を結集点として、国民協会・立憲改進党・同盟倶楽部・政務調査会・同志倶楽部・東洋自由党の対外硬六派連合が成立した。議席合計は一七三となり、過半数を超える。自由党大会は、「条約改正を実行せしむる事」などを決議し、硬六派とは共同せず、伊藤内閣を支援する方針を定めた（議席数九八）。

条約改正をめぐる新たな争点の登場と、自由党の伊藤内閣への接近、伊藤内閣の国民協会敵視策などが硬六派の結成を促していた。硬六派は、伊藤内閣に対する野党的立場を強める。

第五議会　第五議会（九三年一一月二八日開会）の冒頭から、硬六派は星亨議長不信任決議案、星議員除名案、官紀振粛上奏案と連続可決させ、自由党・政府批判を進めていった。硬六派が提案した現行条約励行建議案、外国条約執行障害者処罰法案、外国条約取締法案が衆議院本会議に上程され、提案説明中に一〇日間の議会停会が命じられた。停会措置は、各国公使からの抗議に困惑した伊藤内閣が天皇に進言して取られた。この頃、「天皇大《おおい》にその状を憂慮あらせられ、常に侍従を議院に差遣《さけん》し、議事を傍聴せしめ、重大問題に関して議事紛擾に渉《わた》る如きことあらば、刻々電話をもってその状を奏聞せしめ、又絶えず御下問あらせられ、或は侍従をもって内閣大臣にこれを問わせたまう」（『明治天皇紀』七）とあり、伊藤首相は天皇に呼ばれ、善後策を協議している。明治天皇は、政府の危機を国家の危機と直結させ、しばしば憲法上の規定を超えて主体的に行動し、伊藤首相との連係プレーが強かった。

陸奥外相は、現行条約励行案のような「鎖国攘夷的建議案を提出し、条約改正に支障をあたうる」ことは承認できない、硬六派が挙げる現行条約違反事例は「誤解」か「鎖国的意向を持つ者の曲解」であると難じ、「好んで外国と事を構うるは、維新以来の国是に反対するもの」で政府は容認しない、と硬六派の排外主義に対決すると宣言した。議会は二週間停会を命じられたが、翌三〇日突然解散となる。停会から解散へというのは、政府の動揺を示す事件だった。

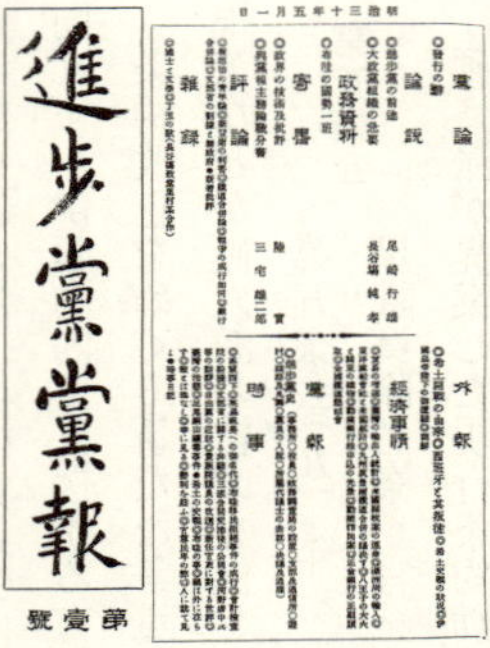

図 **2-6**　『進歩党党報』創刊号（1897 年 5 月）．対外硬派の大部分が合同して進歩党を結成し，自由党に対抗したが，動揺する国民協会は排除された．

一八九四年三月一日、第三回臨時総選挙が行われた。干渉選挙であった前回、自由党は九〇に押さえられたが、三〇近く議席を回復した。硬六派は、第五議会で占めていた一八〇議席から四〇議席も減少した。その中心であった国民協会は、七〇から三一へと激減している。野党化した国民協会は議席を確保できなかった。立憲改進党は四三から六〇へと四〇%議席を伸ばし、硬六派の中心的地位を国民協会から奪った。

第六議会と三度目の解散

第六特別議会は、五月一二日から三週間の会期で召集された。短期間の議会会期に新聞各紙は、松方内閣の第三特別議会でも倍の四〇日あったと批判した。

一八九四年度予算が前年度枠での執行となったため、追加予算の審議が必要だった。衆議院で、伊藤首相は、条約励行建議案について絶対反対である、と縷々《るる》述べて壇を降りた。翌日、大井憲太郎(大日本協会派)らが、条約改正問題・綱紀頽廃問題・「非理無名の解散を奏請」・議会軽侮などを挙げた「上奏案」を提出し、激論の結果辛うじて否決となった。また河野広中(自由党)が、第五議会の解散は政府の「不当」行為だと「解散に関する決議案」を提案したが否決となった。修正案として犬養毅《いぬかいつよし》が提案した内閣不信任案も敗れる。

民党連合は完全に崩壊し、自由党は反硬六派であるように見えた時、自由党が「内閣の行為に関する上奏案」を提案し、一五三対一三九で可決させた。自由党上奏案は、第四議会での政府公約である行政整理や海軍改革が実施されず、停滞しているので、政府を戒め「和協の道を尽さしめ」るよう天皇に要請するものだった。これは、政府に自由党との協議・調整を命じさせる意図であり、自由党の政権参加をも意味していた。硬六派は、自由党の上奏案を修正して、政府を圧迫しようとして賛成した。この上奏案可決は、同床異夢の産物である。

六月二日政府は、三度目の衆議院解散を命じた。伊藤内閣の状況打開策は、対外硬派を無力化させ屈服させる条約改正の実現しか残っていなかった。解散時点では果実が伊藤内閣のもとに落ちるのかどうか、まだ不明だったが、時間は伊藤博文や陸奥宗光の思わぬ味方となった。

急がれる条約改正

治外法権(領事裁判権)の撤廃と関税自主権の回復という条約改正の実現は、歴代内閣と民党の大きな目標だった。一八九三年一二月末、陸奥外相は、青木周蔵駐独公使に、ロンドンに赴《おもむ》き、条約改正に当たれ、と指示した。

青木は、英外務省との交渉で、自らが外相として交渉に当たっていた際、イギリスと妥結を見られなかった三点について、①欧米並の法典実施の担保として政府が約束する公文書発行は、立法権を制約するので反対だったが、この際「我政府は難きを忍んで」公文書を発行する、②条約発効以前に居留地の土地所有権を承認することはできないが、現在居留地で所有する永代借地権は「無期限に安堵《あんど》」(一般の土地所有権の付与よりも、特権を認めることになる)、③旅券の期限を一年間に延長、と妥協点を示した(『日本外交文書』二七巻一)。

三点は英外務省を満足させるものだった。伊藤内閣が、条約改正実現を土産として議会と妥協しようとしていたことは、青木へ「次期議会開会前において英国政府の確答を知ることを深く期望《きぼう》せり」（一月二五日陸奥外相電報）、「帝国政府は速《すみやか》に談判を結了し条約の調印せられんことを切望す」（五月一九日陸奥外相電報）とたびたび督促していることでも明らかである。

キンバリーとの交渉

イギリスの心配は、露仏同盟（一八九一年八月成立）、露仏軍事協約（一八九二年八月成立）という国際環境の中で英国が孤立しないか、にあった。バルチー外務次官補は、露仏が共同して「政略的の譲与を請求せば如何《いかん》」、露仏が石炭貯蓄場を請求すればどうする、と尋ねてきた。青木が、「道理に背反し」「不法の請求」には「何《いず》れの邦国たるを問わず日本全国を挙げて焦土と為すも敢《あえ》てこれに反抗するを辞せざるなり」と答えたのを聞き、バルチーは安心した。

イギリスは、日本が親英政策をとると判断して、大きく妥結に踏み切った。日本政府も妥結へと舵を切った。両国の妥協は成立し、一八九四年七月一六日、日英通商航海条約調印となる。調印した英外相キンバリー卿は青木に、「この条約の性質たる日本にとりては清国の大兵を敗走せしめたるよりも寧《むし》ろ遥《はるか》に優れるものあり」と「祝詞《しゅくし》」を述べた（『日本外交文書』二七巻一）。イギリスは条約改正に協力することにより、日本の側に立つことを声明したのと同じであった。

治外法権の撤廃

新しい条約は、治外法権の撤廃という課題を果たした。日本における欧米人の犯罪を、日本国が裁けず、当該欧米国の領事が裁くという治外法権は、領土内を法支配するという近代国家の主権を制限するものであった。それが撤廃されたということは、欧米と対等の主権国家として承認されたことを意味する。福沢諭吉の「脱亜論」(一八八五年)のめざしていたものの一つの帰結であった。これ以後一八九七年にかけて欧米各国と新条約調印を行い、一八九九年七月一七日施行となった(仏・オーストリアは八月四日)。

調印は、八月二七日の勅令による批准公布の発表まで伏せられていたが、公表されると『東京経済雑誌』(九月一日)は、これを手始めに条約改正が成功するはずだと手放しで喜んだ。『東京朝日新聞』八月二九日の社説「日英新条約批准」は、「八方皆好機、伊藤内閣は実に幸運に際会したるもの」で、日清戦争終了までに他国とも改正がなれば「愈々《いよいよ》幸運の寵児」と伊藤内閣を褒めちぎっている。この社説に示された自己認識は、「帝国は東亜の覇者なり。帝国の歓心を求め、帝国の好意を得るは、欧州列国の最大必要に属す」というものだった。さまざまな国際関係の認識や情報を得ていたジャーナリストにして、既にここまでの自己陶酔状態にあった。不平等条約の押しつけから四〇年で、いわば「主権国家クラブ」へ加入できたわけだが、自己陶酔状態では、なぜこれが可能になったのかを冷静に分析することはできなかった。

第四回臨時総選挙

一方で、この社説は、国内情勢については悲観的に見ていた。「現に税権について将《は》た内地雑居について多少の異議を有するもの決してこれなきにあらざる」が、日清戦争により「鬼の居ぬ間の洗濯的」に条約改正ができたのは「得《え》難《がた》き好機会」と安堵の胸を下ろす。これは、税権も内地雑居も、欧米諸国との交渉による妥協と、内政からの必要という条件の結果によることの吐露でもあった。青木公使を急がせ、総選挙投票日の三日前に条約改正の全体を新聞報道、という好条件の発表だったが、選挙結果に大きな影響は与えられず、政府の条約改正を支持してきた自由党に大きな変化はなかった。

第四回臨時総選挙(一八九四年九月一日)では、各党の議席は三月の第三回総選挙とあまり変わらず(自由党、改進党は漸減)、対外硬派としては一四七議席を占め、自由党を上回る。総選挙の争点は明確でなく、平穏に終わった。

軍国議会　日清戦争が開始され、戦時下の帝国議会が開かれた。一週間の会期とされた第七回臨時議会は、大本営のある広島で一〇月一八日から開会となった。天皇が貴族院に臨席し、「朕《ちん》は帝国の臣民が一致和協、朕が事を奨順し全局の大捷《たいしょう》をもって早く東洋の和平を回復し、もって国光を宣揚せんことを望む」と述べた。

政府は臨時軍事費予算一億五〇〇〇万円案、臨時軍事費特別会計法案、軍費支弁公債募集法律案(一億円を限り、年六％以下の利による公債と借入金)を提出した。国庫剰余金二六〇〇万円、募集を終わった軍事公債三〇〇〇万円を充てるほか、新規に公債募集・借入金九四〇〇万円を含んでいる。額の妥当性、外債か内債か、利率など議論すべき内容は多くあったのだが、衆議院予算委員会は、予算案を二時間審議しただけで満場一致可決、本会議は、伊藤首相の

「意気軒昂《けんこう》」たる戦争協力を求める演説を「粛聴」した後、阿部興人《おきんど》予算委員長の、討論会議を省略し直ちに確定、という提案を「一言の異議もなく拍手喝采の中に一億五千万円の軍費は原案に可決確定され」た(『東京朝日新聞』一〇月二二日)。貴族院も翌日、原案通り満場一致可決する。その他緊急勅令や法律案もほとんど可決し、「征清事件の上奏」案、「遠征軍隊に謝意を表する決議」案も衆議院の全会一致で承認して、「挙国一致」を演出した。

帝国議会は、戦争のたびに軍隊と天皇への感謝決議を繰り返す。その最初の経験だった。

僅々九万円　一二月には第二の軍国議会が開かれる。第八回通常議会が東京で召集され、広島にいる天皇の勅語を伊藤首相が代読して、開院式が行われた。最大の課題は、翌年度の予算であった。一八九一年度から四年度間、政府原案がそのまま可決されたことはなかった。一八九五年度予算案は、歳入九〇三〇万円、歳出八九七五万円で、衆議院予算委員会は、経常費の削減査定は「僅々《きんきん》九万八〇〇〇円」(衆議院本会議での武富時敏《たけとみときとし》予算委員長の報告)のみで、「政府の原案は、殆ど傷《きず》けずして委員会を通過」したのである。本会議で異議は出たものの、可決された。貴族院も、わずか一日の審議で予算案を承認可決する。政府原案がほぼ承認されるという史上最初の出来事となった。政府は臨時軍事費追加予算として一億円を提案し、これも承認可決となる。軍隊に再び感謝の決議がなされ、同時に「我武威《ぶい》維れ揚り、皇威《こうい》それ八紘《はっこう》に発揚せん」と天皇への上奏も決議されたのは、天皇の統帥権を讃える意志であった。

第3章　日清戦争

「幼童軍人遊び」(作者不詳，1895年)．喇叭を吹きながら突進する日本軍と，逃げる「提督」旗を持つ集団に分かれている．日清戦後は児童の遊びにも戦争が入り込んでくる(浅井コレクション)．

1　協調からの離脱

「主権線」「利益線」演説

一八九〇(明治二三)年一二月六日、山県有朋首相は、歴史上最初の帝国議会での施政方針演説を行った。推定一五分程度の短い演説であったが、「主権線」「利益線」という特異な用語を使い、国境という「主権線」だけではなく、「その主権線の安危《あんき》に、密着の関係ある区域」という「利益線」を保護しなければならず「予算に掲げたるように、巨大の金額を割いて、陸海軍の経費に充つる」のはその趣旨からだ、と説いた。二つの概念は、一八八九年六月ウィーン大学教授シュタインから教わった「権勢疆域《きょういき》」「利益疆域」を、わかりやすい言葉に置き直したものである。

民党や退役将官の一部(谷干城《たにたてき》ら)にあった小規模の国土防衛軍構想を排除し、外征をも可能にする規模の軍備拡張路線を明確に打ち出したところに、山県演説の重要な意味があった。

日清戦争で「利益線」は、北では朝鮮国、南では台湾島の対岸・福建省にのびて、二つ持つことになった。北進論・南進論が主張される根拠となる。一八九五年の帝国日本は、山県の提唱する「利益線」の考えを明確に採用し、植民地台湾と勢力圏朝鮮国をもって、以後の五〇年間を軍事力の拡大と戦争で彩ることとなる。転換点は日清戦争である。

日清戦争まで、軍事小国日本の対東アジア政策は、台湾出兵（一八七四年）のように、軍事指導者による冒険主義的事件も起こしながら、全体としては協調政策だった。

戦争回避の道

ただし完全な意味での協調ではなく、欧米諸列強の認知できる範囲での、利権獲得（当初は江華《こうか》条約と軍事的威圧を梃子《てこ》にした朝鮮での）も進めていた。一八八二（明治一五）年七月の壬午《じんご》事変により日清の対立は明確になったが、その処理は日清の協調で行われ、日本は朝鮮政府との間で、過大な賠償金と公使館警備のための「兵員若干」（花房義質《はなぶさよしもと》公使の要求は「一個大隊」）設置を主な内容とする済物浦《さいもっぽ》条約の締結に成功する。

一八八四年の甲申《こうしん》事変の処理のために日清間で締結された天津条約（一八八五年四月調印）の特に第三款は、再派兵の可能性と条件を決めたもので、朝鮮政府の承認を得ていない不当なものだが、効果は大きかった。事前の行文知照《こうぶんちしょう》（公文で照会する）という手続きを明文化することにより、一方の派兵は必ず他方の対抗出兵を促すところとなり、リスクを考えれば、派兵への抑止効果となった。また事態収拾後の駐兵の禁止は、朝鮮政府への軍事的圧力を排除する。総じて朝鮮不可侵・保全に関して日清は了解していた（大澤博明「日清開戦論」）のであり、この「天津条約体制」により、一八八五年から一〇年間、朝鮮をめぐる日清間紛争は顕在化することはなかった。

こうした経過からすると、日本が朝鮮への積極的侵出を計らないかぎりは、日清開戦の可能性は低かったのである（高橋秀直『日清戦争への道』）。

日本平和会

一八八九年八月、クエーカー教徒で平和協会のウィリアム・ジョーンズが来日し、日本で最初の「平和と仲裁」の講演会には約八〇名が参加した。一一月には日本平和会が、平和協会の支部として発足。加藤万治《かずはる》を発行人として翌年三月機関誌『平和』第一号が発行される。

図**3-1**　『平和』第12号（1893年5月3日）．日本平和会の機関誌．北村透谷が編集に加わっていた．

主筆となったのが北村門太郎《もんたろう》（透谷《とうこく》）で、自由民権運動から離れ、一八八八年三月に受洗入信した青年だった。日本平和会は、一八九二年七月、在東京の会員三〇名が集まり、平和について語り合い、それを土台に日本平和大会開催を計画するが実現できなかった。翌年四月頃には、水戸にも平和会が組織され、札幌でも組織化が語られたように、徐々に組織が広がった。その主張は、キリスト教精神による戦争の無条件否定の思想だった。透谷は「欧州のみに戦争の毒気盈《み》つるにあらずして東洋もまた早晩修羅の巷と化して塵滅《じんめつ》するの時なきにしもあらず」と、アジアでの戦争を予感している。日清戦争がおきる二年前の論説「一種の攘夷思想」（『平和』第三号）においてであった。

日清戦争がおきると「日本平和会は一とたまりもなく消し飛」んだ（『基督友会五十年史』）。文明への義戦として支持する会員が現れ、活動が続けられなくなったのである。

2　朝鮮と日本の民衆

一八八四年の甲申事変以後、朝鮮政府の「近代化政策」が進められたものの、支配層の土地所有制度の変革にまで至らないため、地方の疲弊を激化させていた。農民たちが心の支えにしたのが、民衆宗教である「東学《とうがく》」だった。一八六〇年に没落両班《ヤンバン》である崔済愚《チェジェウ》が創唱したもので、儒教・仏教・民間信仰を取り入れ、「人乃《すなわち》天」と、人を天として敬い、「天人合一」である人の平等性を強調し、民衆の支持を集めた。崔済愚処刑の後、第二代教祖崔時亨《チェシヒョン》に受け継がれ、発展していった（『東学史』）。

東学と甲午農民戦争

一八九四年二月全羅道古阜《コブ》で、全琫準《チョンボンジュン》の指導のもと武装蜂起が始まる。数百の民衆が郡衙《ぐんが》を襲い、武器を入手し、官倉の米穀を分け与えたところ、たちまち一万人の蜂起軍が形成された。四月二〇日に「輔国《ほこく》安民をもって死生の誓いとする」布告文を発して、民衆の参加を呼びかけ、「八路（全国）同心」しての農民戦争の様相を見せ始めた。彼らは、①人を殺さず、物を害さず、②忠孝ともに全《まっと》うし、世を済《すく》い民を安んず、③倭夷《わい》（日本軍）を駆滅して聖道を澄清《ちょうせい》す、④京に入り、権貴《けんき》（閔《ミン》氏政権）を尽滅す、という四カ条の行動綱領を決めた。

東学農民軍は、五月三一日には全州《チョンジュ》に入城したが、政府軍の反撃により二七カ条の内政改革請願を国王に上願することを条件に、いわゆる全州和約が六月一一日成立した。農民軍は、農繁期に備える事情があり、さらに清軍・日本軍の軍事介入を阻止するという目的があった。外国軍隊の出兵を両湖招討使・洪啓勳《ホンゲフン》から聞かされた指導部が、それを憂慮したと思われる。これらの大規模な民衆反乱は、初めての下からの変革運動であり、李朝体制の解体を求めていた。

図 **3-2**　東学党が，貢米船を襲い(上)，捕らえた官吏・鄭万基を馬の背で運ぶ(中)．短棒を持つ朝鮮の巡査(下)(いずれも久保田米僊『国民新聞』1894 年 6 月 11 日，6 月 29 日)．

伊藤内閣の派兵決定

大鳥圭介《おおとりけいすけ》駐韓公使は、朝鮮の政治情勢に介入する方法について協議するため、一八九四年五月に賜暇《しか》帰国した。二七日か二八日に届いた、杉村濬《ふかし》駐韓代理公使の機密信書は、朝鮮政府が「兵を支那に借り」鎮圧する策のようだ、万一の場合に備えて日本も出兵するか否か決める必要があると進言した。

五月三一日、事態は急激に動いた。朝鮮政府は清国援兵要請を決議し、翌日領議政の名で袁《えん》世凱《せいがい》に援兵請求の公文を伝達しようとしたが、延着する。

日本公使館の動きはいっそう素早かった。同日午後、杉村は「全州は昨日賊軍〔東学農民軍〕の占有に帰したり　袁世凱曰く朝鮮政府は清国の援兵を請いたりと」と打電した。二日にこれを受け取った伊藤内閣は、外国への軍隊派遣というハードルを軽々と越えた。三日前に届いていた杉村電報は、全羅道の騒動は収まりつつある、と述べていたのに、それとの矛盾を確認することもなく、この日閣議が召集され、衆議院の解散と朝鮮派兵を決議する。

国内政治で追いつめられていた伊藤内閣は、打開策を打ち出す必要に駆られていた。衆議院では、第五議会の解散を「非理不当」と攻撃する内閣弾劾上奏案が可決されていたのである。山県枢密院議長は、議会は「妄評暴言、紛擾を極め」、議会と「国事を謀議せんことは到底目的無之《これなし》」と、伊藤に書簡を送った（『公爵山県有朋伝』）。ここに「天下人心」を向かわせる「国事」としての朝鮮問題が現れたのである。

陸奥外相は五月二一日付伊藤宛書簡で、日本軍の単独出兵を提案していた。三一日、井上毅は伊藤に、出兵の際の「行文知照」の方法と、出兵目的確定について手紙を送っている。伊藤と井上の間では、この時すでに朝鮮出兵は既定事項となっていた。六月一日の杉村電報に多少の未確認情報が含まれていようと、その道を取る以外、伊藤内閣の考案はなかった。

二日の閣議は山県の賛成を得て、参謀総長ら二人を呼び寄せての協議に入った。伊藤は直ちに参内して、朝鮮出兵、議会解散を上奏し、裁可を得る。この日明治天皇は大山巌陸相らに「同国寄留我国民保護のため兵隊を派遣せんとす」という勅語を下賜した。

出兵の規模

居留民保護のためならば、出兵の規模は大きくないはずである。しかし二日の閣議は、参謀総長らを含めて兵力を「混成一個旅団」と決定した。名目から言えば、済物浦条約第五条「日本公使館は兵員若干を置き護衛する事」を根拠とするため、「大兵」の派遣は躊躇《とまど》われた。過去に配置されていたのは最大二個中隊(計三〇〇人)である。大鳥公使は「多くとも一大隊以上の兵を置く事は前例に照して不穏当」(大島義昌混成旅団長への書簡)と述べており、五〜六〇〇人程度が穏当だった。だが、閣議決定の「混成旅団」は、平時編成の歩兵二個聯隊《れんたい》(計三〇〇〇人)を基幹とする通常の旅団をも超えていた。戦時編成の歩兵二個聯隊(計六〇〇〇人)に、騎兵・砲兵一大隊(山砲)・工兵・輜重《しちょう》兵隊・衛生隊・野戦病院・兵站《へいたん》部を加えて八〇三五人という「大兵」であり、独立して戦闘できる集団構成となっていた。

六月三日、袁世凱は杉村に、朝鮮政府は全州落城の後直ちに援兵を求めてきたが、公文未着なので公文を受領次第、清国政府へ援兵請求を打電する、と親しく語った(『日本外交文書』二七巻二)。清国は、朝鮮政府の正式な要請文を受け取るまで出兵しないとの態度を貫いていた。

四日、伊藤首相・大山陸相らの首脳部会議が開かれた。出兵に関する最終打ち合わせが行われ、敏速に対応するためという理由で「大本営」設置を決める。川上操六《そうろく》参謀次長は、日本郵船に対し社船一〇隻の傭船契約と一週間以内の広島県宇品《うじな》港回航を指示した。

援兵を要請する朝鮮政府の公文は、ようやく三日の夜に袁世凱に伝達され、翌日袁から杉村に伝えられた。杉村は袁の発言から、「支那兵凡《およ》そ一千五百人」の派兵、と陸奥に伝えた。「凡そ一千五百人」への対抗出兵として八〇〇〇人というのは「大兵」だった。

戦時大本営設置

五日には歴史上最初の戦時大本営(参謀本部内)が設置され、参謀総長有栖川宮熾仁《ありすがわのみやたるひと》親王を参謀部の総責任者とした。天皇が直轄する大本営の設置は「戦時」にしか行われないもので、この日から日本は正式に戦時体制に移った。大島公使と巡査二一名、海軍陸戦隊七〇名が、軍艦で横須賀を出港し、野津《のづ》道貫《みちつら》第五師団長は第九旅団の充員召集を命じた。中国・四国地方一帯が対象で、続々と下士官・兵士が広島市に集まってきた。

援兵請求公文を受け取った直隷総督李鴻章《りこうしょう》は、六日北洋陸軍の歩兵二〇〇〇名、山砲八門の部隊を、全州に近い忠清道牙山《アサン》に、海路派兵した。二五日に約五〇〇名を増援したほか、その後兵力の移動も増派も行わなかった。事態の拡大を求めず、英露両国に調停を依頼した李鴻章は、機敏な軍事的対処策が取れなくなる。

六日午後大本営は、第五師団に歩兵一個大隊の先発を命じ、工兵一個小隊が付属した計一〇二四名が宇品港を出発する。工兵は、架橋や道路修復など事態対応力強化を意味する。先発隊は一二日午後仁川《インチョン》に到着した。六日夜大本営は、混成旅団残部の一〇・一一日出発を決定した。九隻の輸送船に分乗した残りの部隊は計画通りに仁川に向かった。

交渉と情報統制

出兵についての行文知照は、両国とも七日に行った。清国政府は、戦争回避のメッセージを日本に送り始める。七日、李鴻章は、「李よりは京城へ出兵せざるにつき、日本兵は仁川より先きへは進むべからざる事」など六カ条を挙げ、戦争と衝突回避へ向け、伊藤首相らが努力することを荒川巳次《みつじ》天津領事に求めた。荒川の電報の欄外注記によれば、天皇・閣僚・山県・川上操六らに、周知されている。

行文知照後の日本政府の態度は、李鴻章の期待には反したものだった。清国の通知にある「属邦を保護するの旧例」という文章に対して、「日本政府は未《いま》だ嘗《かつ》て朝鮮を清国の属邦と認めたることなし」と抗議するよう、一一日、陸奥は小村寿太《じゅた》郎《ろう》駐清臨時代理公使に電訓した。一方、日本政府からの通知では「変乱重大の事件ありて我国より派兵の必要有之候《これありそうろう》をもって帝国政府は若干の兵を派遣する積《つもり》」とあくまで「若干の兵」だと称していた（中国文では「政府擬派一隊兵」）。日本政府は軍事的優位を確保するための情報統制に入っていた。

一〇日夜漢城（現ソウル）に帰任した大鳥公使は、翌一一日午前「京城（漢城）は平穏なり（中略）余の大隊派遣見合せられたし」と要請し、列国の疑惑を招かないよう求めたが、陸奥は、出発した部隊は帰せないと返電した。四〇〇〇名以上の「大兵」を持ち込んだ日本の外交政策が問われる事態となったことは疑うべくもなかった。

六月二日の閣議決定・出兵実施は秘匿され、東京の諸新聞は発行停止となった。八日夜解停《かいてい》になり、翌九日の新聞各紙は一斉に、朝鮮への派兵を報じた。この日から、義勇兵の申請が相次ぐ。日本赤十字社の地方会員からも、「朝鮮に赴かんと願い出しものすでに四百余名」があった(『国民新聞』六月二九日)。

義勇兵運動の広がり

政府や府県庁に義勇兵を組織し、渡韓したいという申請書が陸続と集まり始めた。六月一九日広島市での申請を皮切りに、新聞は連日義勇兵組織化を報道した。八月一八日までに全国で五二件、北海道から長崎県まで一道三府二六県という広範な地域の運動だった。旧家臣が旧藩主を担ぎ出した事例(旧仙台藩)や、士族層を再結集しようとした事例(旧水戸藩、旧須坂藩、旧明石藩、旧黒羽《くろばね》藩、旧諸隊)などに次いで国権派、侠客《きょうかく》などが申請した。

こうした動きは、政府の派兵決定を支持する運動ではあったが、徴兵制に基づく正規軍を混乱させる可能性があった。八月七日に「義勇兵に関する詔勅」が出されて、義勇団運動は姿を消した。そのエネルギーは献金運動に転換したり、軍夫としての従軍志願に変更していった。

軍事献金は、福沢諭吉が『時事新報』の社説「報国会の目的を如何せん」(一八九四年九月一六日)などで積極的に勧めていたが、その中心にはこうした過熱した集団が全国に存在し、活動していた。自由民権運動の底流にあったアジア主義が、戦争を契機にアジアへ直接・密接に関与する大きな機会を与えることになったのが、日清戦争だった。

3 開戦へ

「何事」か為すこと

農民軍は全州和約の成立で解散したため、日本軍四〇〇〇名の駐兵を続ける合理的な理由がなくなった。大鳥公使は、欧米諸国公使の疑惑と圧迫の中で、清国・朝鮮国両方からの撤兵要求に迫られていた。相次ぐ大鳥公使の派兵中止要請に対して、六月一三日陸奥外相は「もし何事をも為さず又は何処へも行かずして終《つい》に同処より空しく帰国するに至らば、甚だ不体裁なるのみならず、又政策の得たるものにあらず」と、漢城に進出した軍隊が「何事」をか為すことを強く求めた。

内政改革の提議

六月一五日、閣議は「朝鮮国変乱に対する我が態度並びに将来の行動に関する件」を決定した。その内容は、①朝鮮の内政を日清共同で改良するため、両国から常設委員を出し指導する、②清国が拒否すれば、日本単独で改革指導を行う、というものであった。日本政府は、公使館・居留民保護という当初の出兵目的を変更し、日清間交渉に新しい課題を持ち込む作戦に転じたのである。

陸奥の提案に、二一日、清国政府は、①内乱はすでに鎮定、②内政改革は朝鮮政府が自主的に行うべきもの、③天津条約第三款に従い日本は撤兵すべき、と全面的拒否であった。同日、内閣と参謀本部・海軍軍令部の合同会議は、中止していた混成旅団残部の輸送再開を決定した。翌日の御前会議は、①内政改革の協定実現まで撤兵しない、②混成旅団残部の派兵、を決め、清国との開戦へと歩みを大きく進めた。同時にこの日、陸奥外相は、大鳥公使に仁川滞留中の部隊を漢城に進出させるよう打電した。部隊は二五日、漢城南方郊外の龍山《ヨンサン》に陣を構える。一方二三日朝、汪鳳藻《おうほうそう》駐日公使に内政改革の協定提案が送付された(「第一次絶交書」)。六月段階で最も戦争への危機が高まった時点である。

開戦近し

同日、陸奥外相は、大鳥公使に三通の電報を打ち、事態への急速な対処を求めた。内政改革を日本単独で実施させるが、軍事的衝突の可能性が高まったので、急いで準備をするようにという具体的な開戦準備命令であった。大鳥は二八日、朝鮮政府に、清国の属国か否かを照会し、翌二九日を回答期限とした。無回答のため三〇日杉村書記官が返答を再請求したところ、朝鮮は自主国である、清軍は要請しての援兵であるから退去要求はできない、と回答があった。この内容の場合、自主国に清軍が駐兵し干渉するのは属国の実をあげようとするものであるという口実で開戦する、という計画が、すでに二七日、大鳥や杉村らでまとまっていた。開戦はいよいよ近くなった。

ところが急転直下の開戦不可指示が大鳥公使に届いた。開戦準備を進める日本政府に強敵が現れていたのである。欧米諸列強の介入が始まり、英国が調停案を日清両国に提示した。清国政府(総理衙門)はこの調停案を拒絶したので、再び開戦へと事態は動く。日本政府は、英国の調停をも清国が拒否したことを非難して、日清交渉をうち切り、清国との関係を絶つことを表明した「第二次絶交書」が七月一一日に閣議決定された。

清国軍の増派

「第二次絶交書」により開戦の可能性が高いことを知った李鴻章は、七月一五日、牙山の葉志超《ようしちょう》軍に、平壌へ海路撤退を命じた。一六日には、①平壌と義州に増援軍を出し、葉志超軍も加えて迎撃する、②葉志超軍の牙山撤退後、北洋海軍主力が朝鮮海面に進出、という第一次作戦計画を軍機処に報告した。一八日、葉提督は、海路が危険なため移動しない、増派部隊を要求する、と電請してきたので、李鴻章は、兵力二三〇〇人を牙山に急派することにしたが、輸送船が不足し、上海のジャーディン・マセソン商会から英国船三隻を傭船する。最初の二隻の揚陸後、三隻目の高陞《こうしょう》号は兵員一〇〇〇人、砲一二門を搭載して二三日午後、大沽《ターク一》を出港する。一九日、日本政府は、英国の第二次調停で示された条件の修正案の回答期限を二四日とし、それまでの五日間での清国政府の増派実施は「威嚇の処置と看《み》做《な》す」と警告した。この警告の意味は、二五日に豊島《ブンド》沖海戦が起きたときに有効に働いた。

七月二三日戦争

七月二〇日午後、大鳥公使が大島義昌第五混成旅団長に申し入れた提案は、戦闘による王宮占領、国王の捕獲、現政府打倒、大院君《テウォングン》による新政府樹立、というもので、当然「戦争」と見なすべきものであった。同日午後、大鳥公使は二件の照会を朝鮮政府に行った。駐留清軍の退去要求と朝清間の条約規則の廃棄要求。いずれも朝鮮政府が受け入れるとは考えておらず、清国軍との開戦理由を探すための交渉であった。

図 **3-3**　「朝鮮京城　大鳥公使大院君ヲ護衛ス」(楊斎延一画，1894 年)．7 月 23 日日本軍が景徳宮を攻撃する様子を描いた想像画．

　最終回答時間の七月二二日夜半に届けられた朝鮮政府の回答は、①改革は自主的に実施する、②乱は治まったので、日清両軍は撤兵、という二カ条だった。そこで先にあげた事前の計画が実施に移されることになった。

　七月二三日午前二時、漢城南郊外の龍山から出発した二個大隊は、漢城電信局の電線を切断し「このことの早く清国へ聞えんことを予防し」(『日清戦史草案』)、国王の居住していた景福宮《けいふくきゅう》を攻撃した。開門させたのが午前五時。建春門内外や春生門付近などで銃撃戦を繰り返し、朝鮮兵七七名の死傷者を出して、ようやく銃声が止んだのは午前七時半。最初の銃撃戦の午前四時二〇分から約三時間衝突が続き、計画の中心である「国王を擒《とりこ》に」(「第三草案」)した。

漢城からの報知を受けた新聞『北陸政論』(金沢市)は「京城の小戦」、『国民新聞』(東京市)は二五日の本紙で「廿三《にじゅうさん》日の事変」「日韓兵の小衝突」「京城小戦争」などと報道した。漢城府に特派員を派遣していた『九州日日新聞』七月二八日は「京城の戦報(廿三日京城発)」と題する詳細な記事を掲載し、「二十三日戦争より帰来匆々《そうそう》筆を走らしてこれを認《したた》む　相部《あいべ》直熊《なおくま》　佐々木正」と報告するなど、新聞各紙は明らかに「戦争」という用語でこの事態を捉え報じた。

政府の「宣戦詔勅《しょうちょく》」起草は、文案が二転三転した。「朝鮮」が敵国として挿入される起草案もあったのは、政府も日朝の「戦争」と捉えていたことを示している(檜山幸夫「日清戦争宣戦詔勅草案の検討」)。それが排除されたのは、日本の大義名分である、朝鮮国の独立維持、に反するという判断だった。

牙山の戦い

国王を擒にし、大院君新政権樹立の意義は、「牙山清兵の撃攘《げきじょう》(撃退)を我に嘱託せしむる」(大島提案)ことにあった。つまり、七月二三日戦争があって初めて、朝鮮政府が日本に清軍の撤退援助を依頼してきたので、それに従った、という開戦理由が成立する。公使館書記官杉村濬は「公使館に於ては正当の大義に因て討伐を行われんことを期望し」、ようやく二五日午前大島公使は「大院君の前に於て趙外務督弁と議論を尽し、僅《わずか》に一通の委任状体の書面を領せり」(杉村濬『明治廿七八年在韓苦心録』)と「委任状体の書面」受領となった。
第五混成旅団は二五日に漢城を出発し、二六日の午後一〇時頃、清兵撤退依頼の外務省公文書を受け取った、という大島公使の通知を受け、二九日成歓《ソンファン》、三〇日牙山の緒戦に向かう。

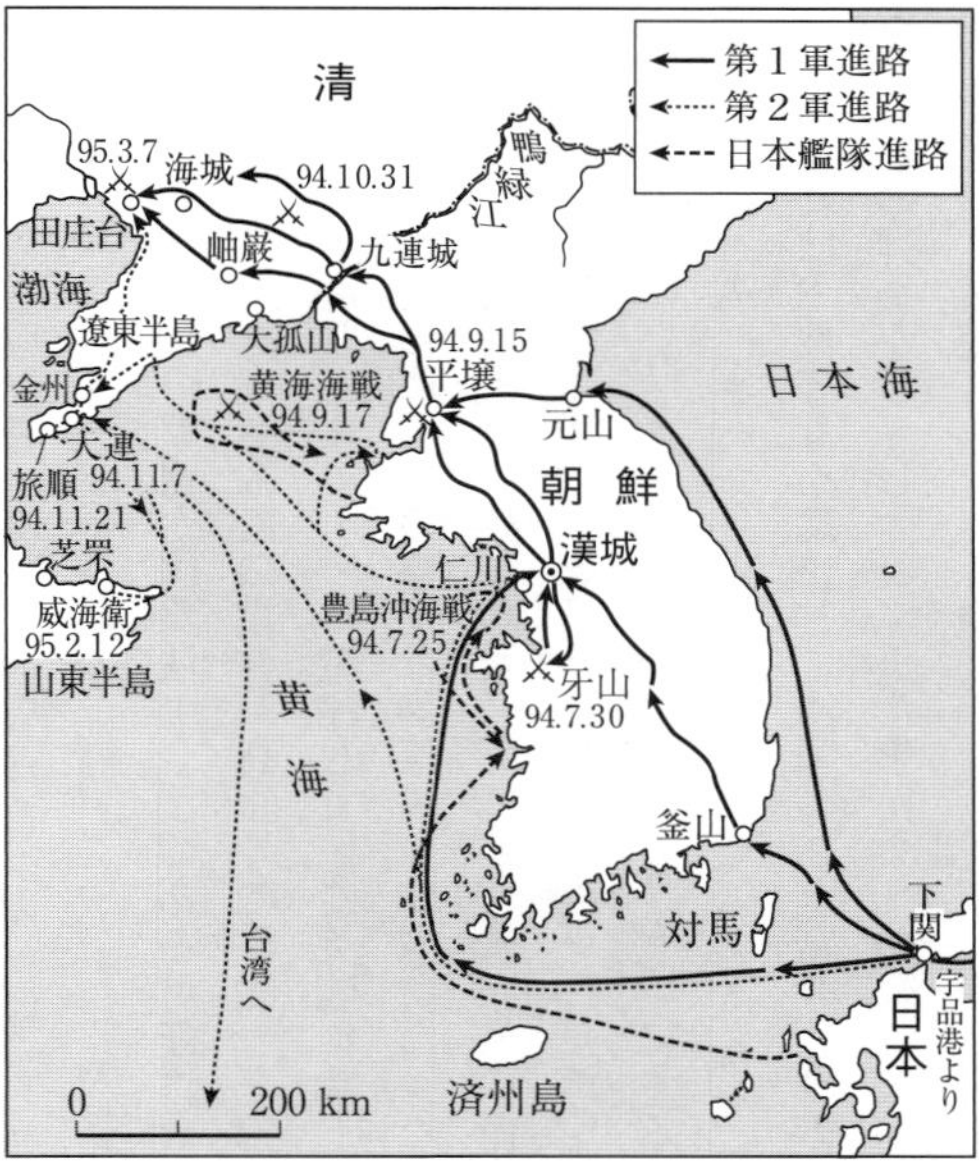

図 **3-4**　日清戦争経過図

豊島沖海戦と高陞号事件

一方、海軍も二三日午前一一時、長崎県・佐世保軍港から、連合艦隊が次々と出港し、朝鮮西海方面である群山《クンサン》沖に向かった。二五日午前、牙山揚陸のため豊島沖に現れた高陞号と巡洋艦済遠、砲艦操江、砲艦広乙は、連合艦隊と遭遇し、済遠は戦場離脱、操江は降伏、広乙は大破擱座《かくざ》し自爆という海戦結果となった。

国際問題となったのは、巡洋

艦浪速《なにわ》による英国船籍・高陞号の撃沈だった。二八日この報に狼狽《ろうばい》した陸奥外相は、「この関係実に至大」であり、陸軍増派を延期したいと伊藤首相に伝えた。八月三日、英紙『タイムズ』は、日本海軍の撃沈が国際法上合法である可能性を示唆する、国際法の権威ウォストレーク・ケンブリッジ大学教授の投書「高陞号の撃沈」を掲載し、六日にもホルランド博士の同趣旨の意見を掲載したため、一時激昂していた英国世論も沈静化した。戦時における敵対的行動と見なされたために、この撃沈は国際法上妥当となった。

日清戦争は始まった。両国が宣戦布告の詔書を発表したのは同じ八月一日だった。

文野の戦争

『時事新報』七月二九日付社説は「日清の戦争は文野の戦争なり」の題のもと、「幾千の清兵は何《いず》れも無辜《むこ》の人民にしてこれを鏖《みなごろし》にするは憐《あわ》れむべきが如くなれども、世界の文明進歩のためにその妨害物を排除せんとするに多少の殺風景を演ずるは到底免れざるの数《すう》〔勢い〕なれば、彼等も不幸にして清国の如き腐敗政府の下に生れたるその運命の拙《つた》なきを自から諦むるの外なかるべし」と「止むを得ず」の戦争だが、文明を旗印に徹底的に戦わねばならない、と強く主張した。

『時事新報』社主の福沢諭吉も、八月八日の友人への書簡で、「最早《もはや》かくなる上は、ただ進むの一法あるのみ。国民一般、すべて私を忘れて国に報ずるの時と存ぜられ、人事に淡泊なる老生にても、この度は黙々に忍びず、身分相応に力を尽す覚悟にござ候」と述べ、国民一致して政府を支持し、戦争遂行に尽力すべきだとしている。福沢は、三井八郎右衛門・岩崎久弥・渋沢栄一の最有力財界人、華族の東久世通禧《みちとみ》らとの連名で「軍資醵集《きょしゅう》の手配り」についての相談会を呼びかけ、軍資金献納を国民に訴える報国会の結成を決め、自らも一万円献納を発表した。八月中旬に軍事公債(第一次)三〇〇〇万円、第二次五〇〇〇万円の募集が開始されると、それへの協力のために報国会は解散した。軍事公債は、第一次七六九四万円、第二次九〇二七万円の応募となり、挙国一致の雰囲気を作っていくことになった。

清国の戦争指導

日清戦争の全体を通じて、主戦論でほぼ固まり、政治と軍事の統一が取れていた日本に対し、清国は不統一のまま戦争へと入っていった。光緒《こうしょ》帝による親政のもとで、軍務を司る軍機処(礼親王ら)と政務の中心である総理衙門(慶親王ら)は分離したままであった。また北洋大臣李鴻章が、北洋陸師・北洋水師を統轄し、派兵と兵器の海外発注も権限としていた。朝鮮の動向については、総理朝鮮交渉通商事宜を任務とする道員・袁世凱と密接に連絡をとり、袁への外交指導も行っており、総理衙門とは対立していた。

李鴻章や一部の中央官僚、西太后《せいたいこう》らは戦争回避論であり、七月一六日の軍機処・総理衙門等の合同会議は、開戦自重論を結論とし、一八日上奏された。最も戦争回避論者であった李鴻章は、その上奏にも支えられ、援兵増派を求める朝鮮派遣軍からの意見にもなかなか決断せず、ようやく一九日に二三〇〇名の牙山増派を命じる。中途半端な小出し増援は戦術上不利であり、李鴻章はこの点で、戦略上戦術上の失敗に陥ってしまった。

日本の作戦方針

大本営が定めた「作戦大方針」の戦争戦略は、「渤海湾頭《ぼっかいわんとう》」で清国に戦場を求め「清国と雌雄を決する」こと。作戦は二期で、第一期は、①第五師団を朝鮮に派兵し清国軍と対峙、②他の陸海軍は内地守備と出征準備、③海軍は北洋水師の掃討と制海権掌握。第二期は三つを想定。①制海権掌握の場合、渤海湾北岸に上陸し、西進して直隷平《ちょくれい》野(首都の周囲)で大決戦を遂行、②海戦が互角で、両者共に制海権を掌握できない場合、陸軍を朝鮮に増派して清国軍を撃退し、朝鮮国の独立を確保する努力を続ける、③海戦に敗北し、制海権を清国が掌握した場合、朝鮮の第五師団を援助しつつ、国内防衛に従事する、であった。

八月五日に大本営は宮中に移され、参謀総長から「作戦大方針」が上奏された。大本営は、第二期②の場合を想定して、朝鮮半島の軍事的確保を「本年の作戦」とすることを、一四日各師団長に訓示した(『明治廿七八年日清戦史』)。この日から本格的に攻勢作戦が始まった。第三師団の増派と、第三・五・六師団で第一軍を編成し、三一日冬季作戦までを各師団長に指示した。大本営を広島に進出させることとなり、天皇は九月一五日広島に到着した。外交官との連絡など不自由があるが、天皇親征の姿を明確にするための大きな演出だった。

持久戦への転換

九月一六日、平壌が陥落した。この時点で清国軍は作戦を変えた。九月一九日、皇帝への上奏文で、李鴻章は、率直に敗因を述べ、北洋陸師・水師のみの戦闘から、清国を挙げての戦争と位置づけ直し、持久戦に持ち込むことを提案した。持久戦により欧米諸列強の介入を待ち、そこで講和にはいる、という李鴻章の戦略が見え始めた。

二九日、恭親王に外交・軍事の双方を統轄する最重要の権限が付与され、一一月三日、皇帝側近の翁同龢《おうどうわ》、李《り》鴻藻《こうそう》が軍機大臣に復帰し、国家を挙げて戦う体制が整えられた。一二月二日には両江総督・劉坤一《りゅうこんいつ》が欽差大臣となり、山海関以東の諸軍の指揮権を与えられ、清国領に侵出した日本軍を、遼寧省の海城、紅瓦塞《こうがさい》などで迎え撃ち、激戦を続けた。遼寧省などいわゆる東三省には宋慶《そうけい》や依克唐阿らに率いられた諸軍が待ちかまえていた。

持久戦になると、常備七個師団一五万人体制の日本陸軍が、どこまで戦えるのだろうか。日本の攻勢戦略は、短期決戦で首都攻略をめざす、というもので、開戦半年後の一一月から一二月の大本営は、持久戦を念頭に置かず、首都決戦の準備について議論を続けていた。

農民軍の再起

戦争協力を拒否せよ、という東学の呼びかけは七月下旬には広がっていた。軍用電信を破壊し、兵站線や兵站部を襲う東学農民軍の「討伐」は、日清戦争の勝敗を握る重要な問題だった。さらに東学「討伐」の帰趨がロシア軍介入如何に関わり、日本の勝利が危うくなる可能性があった。一〇月、陸奥外相は井上馨朝鮮駐在公使に打電し、東学勢力が朝鮮北部に向かわないよう厳重な注意を与えた。

「緑豆将軍」と親しまれた全琫準を盟主とする東学主力の再度の武装蜂起は、ようやく一〇月九日であった。東学農民軍への本格的な弾圧が、一一月から翌九五年四月初旬にかけて続けられる。弾圧部隊の主力は、一一月初旬に到着した後備歩兵独立第一九大隊など二七〇〇名の日本軍。それに二八〇〇名の朝鮮政府軍、各地の両班《ヤンバン》士族や土豪などが組織する反動的な民堡《みんぽ》軍が加わり、村の隅々まで捜索する「討伐」作戦を続け、最西南端の海南《ヘナム》・珍島《チンド》まで追いつめ文字通り殲滅《せんめつ》した。五カ月間の農民軍の戦闘回数は四六回、農民軍参加人員は延べ一三万四七五〇人と推定されている。もう一つの日清戦争であった。

4　戦争の実相

不潔とにおい

兵士たちが上陸して感じたのは、まず「不潔」と「におい」だった。「におい」が、生活文化を背景にした異なったものとして認識されることは、時代を超えて異文化に遭遇した際の共通体験といえる。「におい」や「不潔」という第一印象記録は、日露戦争やアジア・太平洋戦争など多くの従軍日記にしばしば見られるものである。松山市駐屯の歩兵第二二聯隊の一士官も、八月五日朝鮮国の元山《ウォンサン》港に上陸した印象を記した。

さらに驚きは、聞きしに勝る不潔である。道路は塵糞《じんぷん》にておおわれ、不潔の大王をもって自ら任ずる豚《とん》先生、鼓舞を引き連れ、人間どもを横目で睨《にら》みつつ道路を横行する。臭気鼻をつき、嘔吐《おうと》をもよおすなり。

（濱本利三郎『日清戦争従軍秘録』）

と、「塵糞」に覆われ、家畜が右往左往する街に驚いている。

日清戦争の兵士は、一八七二年の学制発布後に生まれている。彼らは、学校と軍隊という二つの教育により、「衛生」や「清潔」について、念入りにたたき込まれるという経験を、理念的にも（「衛生的であることが近代人である」）、身体的にも（「まず手を洗い、食事をしよう」）経てきている第一世代である。兵士たちは、克服すべき対象の欠陥に最も敏感であり、「不潔」と「におい」の向こうに、必ず「遅れた文化」を見据えている。平壌を占領した後備歩兵聯隊の軍曹は「朝鮮と申す処《ところ》は御承知の通り野蛮も甚だしき処に御座候《ござそうろう》」と故郷への手紙の冒頭に記した（『東北新聞』一八九五年一月九日）。

「文明の義戦」なるイデオロギーは、そのままでは浸透しないが、自分の生活文化と異なったものを自覚した時、優劣を腑分けし、戦闘と殺戮を正当化する意識操作を開始する。これが商業や観光のために外国へ赴く人々と兵士の大きな相違である。日清戦争は異文化衝突を大量に生み出した最初の国民的体験であった。衛生に対する完全な知識が兵士たちに装備されていたのか、といえば、「不潔」を第一印象とする多くの兵士にあって、そうではなかった。日清・日露戦争を通じて、多数の戦病死者が出るが、その多くは赤痢やコレラなど消化器系の罹病であった。補給の不備という条件から、腐敗した食物や水を口にしていたのである。

もう一つの敵は夏であった。最初の混成第九旅団を除き、多くの部隊が出兵したのは七月から八月。動員過程でも死者が出ていた。

猛暑から酷寒へ

八月四日、充員召集の命を受けた歩兵第七聯隊は、金沢市から官営鉄道の駅である福井県敦賀まで一六〇キロを陸行せよとの旅団命令を受領、二八日午前六時三〇分に金沢城を出発する。九月一日、敦賀に到着するまでに日射病患者一二五九名、死者五名(翌二日に一名)という惨事となった。これに材を取った泉鏡花《いずみきょうか》は、「予備兵」という最初の本格的現代小説を、同年一〇月の『読売新聞』に連載している。

この年の夏は朝鮮でも暑かった。先の濱本少尉は、「この不潔よりいっそう驚いたこと、吾々がいまだかつて体験せざるのはその暑さである。日中、華氏の百二十五度ないし三十度、軍人は冬衣《とうい》夏袴《かこ》という秋季の服装でこの大暑を過ごすこと、実に釜中に座し、火中を歩行すると同様である」と猛暑を記録している。華氏一二五度は摂氏五一・七度。濱本少尉は、別の所で「華氏百二十五度乃至《ないし》三十度という金熏《きんくん》の暑中」と表現している。華氏一三〇度は摂氏五四・四度で、体感温度としても相当な暑さである。兵士らが肩に担う背嚢《はいのう》は五貫(一八キロ)、それに小銃や弾帯など相当な重さを装備して猛暑の中の行軍となった。日本の軍隊は、日清戦争からアジア・太平洋戦争終了まで五〇年間、アジアを歩き続けたと言っても過言ではない。その始まりである。アジアを歩き続けて私たちは何を見てきたのか、歴史を問う意味がここにもある。

七月の緒戦で、牙山に進駐していた清国軍を敗走させた後は、朝鮮国北部の平壌に集結している北洋陸軍の潰滅が目標となった。第一軍による平壌攻略戦(九月一五日)が終わると、次の戦略目標は、首都北京をめざす直隷決戦である。一〇月二五日、鴨緑江を渡河し、清国に入った歩兵第二二聯隊は、遼陽方面に向かって進んだ。一一月二五日の草家嶺《そうかれい》の戦闘最中に初雪が降り、一時間で三センチ積もった。二九日の退却行では「三時間余り、雪中に両足を没した」ので「急ぎ焚火《たきび》で暖めたが足は膨張して赤く、これぞ最も恐るべき凍傷の発生である」と、部隊で「凍傷にかからぬ者は、実に十人中二、三人であった」という(濱本利三郎)。

旅順虐殺事件

一八九四年九月、大本営は旅順《りょじゅん》半島攻略のため第二軍を編成した。第一師団と混成第一二旅団(第六師団所属)で編成し、一一月二一日未明から旅順攻撃を始め、正午頃には周囲の砲台等を占領した。午後以降市街と付近の掃討作戦が始まる。

そこで捕虜や、婦女子や老人を含む市民を虐殺する事件が起きた。二五日頃まで市街の掃討が続き、同時に旅順から金州方面に脱出しようとする敗残兵の掃討も行われた。これらを「旅順虐殺事件」と捉えるのは、戦闘と掃討戦の両方で、捕虜を取る意志がほとんどなく(計二三二人のみ、『戦役統計』)、軍人と民間人を無差別に殺害する例が多く、捕虜や負傷兵の殺害もあり、敗残兵捜索のための村落焼き討ちも行われるなど、容赦ない残酷な戦闘であったことが、参加した兵士らや内外のジャーナリスト、観戦武官などにより明らかであることによる。

一一月二八日の英紙『タイムズ』による「〔旅順での〕戦闘後二〇〇名の中国人が、日本人捕虜を扱った際の冷酷な暴行に対する報復として虐殺された、という噂があるので確認が必要だ」という報道から事件は広がる。翌日にも「両軍が残虐な行為を行ったという報告が確認された。多くの日本人捕虜が首を切られ、手足を切断されて発見された。それゆえに日本軍は住民を一掃した。無差別の虐殺である」という旅順に上陸した英国人将校の情報を掲載した。一二月には、米国の新聞『ワールド』に「日本軍の大虐殺」と題し、「三日間にわたる殺人」「無防備で非武装の住民は家の中で殺された」などの記事が掲載され、欧米各地の新聞に転載された。

欧米新聞の報道に接した参謀総長熾仁親王は、第二軍の虐殺や掠奪という風説に答えよ、という親書を持たせた使者を大山第二軍司令官のもとに急いで派遣した。二週間後に大山は「旅順市街の兵士人民を混一して殺戮したるは実に免れ難き実況」と明確に認めつつ、市街戦が薄暮で行われたことなどを挙げて弁解した。

事件はイギリスに続く条約改正の実現の妨げになる可能性もあった。栗野慎一郎駐米公使は、国務長官から、事実であれば条約改正が困難になる、と警告され、陸奥に対処を仰いだ。陸奥は栗野に「旅順口の一件は風説ほどに夸大《こだい》ならずといえども、多少無益の殺戮ありしならん」と認めた上で、戦闘の混乱の中での行き過ぎた行為、という論法で突破しようとした。「被殺者の多数は無辜《むこ》の平民にあらずして清兵の軍服を脱したるものなりという」と新情報を付け加え、こうした「許多《きょた》の流説《るせつ》を傍生せざる内に」新条約が上院を通過するよう「敏捷《びんしょう》の手段を執」れと厳しく命じた（『蹇蹇録《けんけんろく》』）。事件は曖昧のうちに終わるが、旅順には今でも旅順虐殺被害者の集団墓が、一〇〇年間の修復・再建・新設を経て維持されている。

兵士と軍夫　参謀本部編『明治廿七八年日清戦史』によれば、全動員兵力は二四万〇六一六名で、うち一七万四〇一七名が戦場に派遣された。それ以外に、日本人軍夫一五万四〇〇〇名が集められ、数千人の国内使役のほかは戦場に派遣された。日本人軍夫は事実上武装し、日露戦争での輜重輸卒《しちょうゆそつ》の機能を果たしたのだから、合計三九万五〇〇〇名が日清戦争での兵力と考えるべきである。一〇〇万人を動員した日露戦争での約四割の戦争動員がすでにあった。

大行李《こうり》（食糧・衣服等）・小行李（弾薬等）を輸送するのは、輜重輸卒の仕事だが、日清戦争では輜重輸卒が十分育てられておらず、必要数だけの動員ができなかった。陸軍は各地の口入業《くちいれ》者に依頼し、人夫を大量に集めさせた。一八九四年一二月初旬の東京では、不況に困惑した人力車夫たちが「軍夫蒐集《しゅうしゅう》に際し、我れ先きと争うてこの募集に応じ」、東京市内で軍夫にな

表 3-1 日清戦争における出征野戦師団・兵站部の構成

野戦師団

師団	各兵科（内輪卒数）	衛生部等（内軍夫数）	輓馬	駄馬	徒歩車輛
近衛	13,118(2,217)	762 (—)	1,586	805	—
第一	15,559(1,846)	4,527(3,768)	384	1,142	1,405
第二	15,957(2,452)	4,095(3,351)	384	1,142	1,405
第三	14,982(1,231)	3,105(2,354)	—	4,154	—
第四	19,198(2,213)	774 (—)	1,970	1,190	—
第五	15,928(2,136)	4,950(4,169)	—	785	—
第六	16,982(2,438)	826 (90)	497	3,581	—
臨時第七	5,551(1,011)	324 (4)	—	1,041	—
計	117,275(15,544)	19,363(13,736)	4,821	13,840	2,810

兵站部

師団	各兵科（内輪卒数）	衛生部等（内軍夫数）	輓馬	駄馬	徒歩車輛
近衛	436 (—)	3,715(3,492)	—	—	989
第一	370 (11)	4,434(4,256)	—	11	1,216
第二	356 (25)	4,427(4,256)	—	9	1,216
第三	363 (13)	4,530(4,346)	—	733	1,000
第四	361 (9)	4,439(4,264)	—	9	1,216
第五	287 (18)	1,416(1,022)	—	—	—
第六	634(369)	3,207(3,053)	—	360	870
臨時第七	4 (—)	41 (—)	—	—	—
計	2,811(445)	26,209(24,689)	—	1,122	6,507

大谷正「「文明戦争」と軍夫」(大谷・原田編『日清戦争の社会史』)より．原史料は『明治廿七八年戦役統計』上巻「動員人馬総員」．

った車夫は四万人を超えたという(『国民新聞』一二月九日)。人夫一人一日四〇銭、廿《にじゅう》人長五〇銭、百人長七〇銭、千人長一円五〇銭の日当で、出征中は一〇銭増しというもので、貯金できた。軍夫の送金実態から試算すると、一年間で五〇円から一四〇円を故郷に送金したり貯金していると思われる。

図 **3-5** 「在韓我軍兵站部の図」. 荷車で大行李(食糧・衣類等)・小行李(弾薬)・病人を運ぶ軍夫(『風俗画報・日清戦争図絵』1894 年 10 月 28 日).

軍夫の比重は高かった。野戦師団二万人に対し、軍夫は二〜四〇〇〇人を伴っており、全体の一〇〜二〇%を占める。兵站部ではその比率が圧倒的となり、軍人八〇〇人ほどに軍夫が三〜四〇〇〇人となり、彼らがいなければ動かない構造となっていた(表3−1)。軍夫は、笠をかぶり、浅黄木綿の筒袖《つつそで》の上に、〇〇組と染められた法被《はっぴ》と股引《ももひき》を着、草鞋《わらじ》履きという異相で、陣地を往来している。彼らは、物資を自らの肩で運ぶか(背負子《しょいこ》)、「徒歩車輛」と呼ばれる一輪車(猫車《ねこぐるま》)か大八車《だいはちぐるま》で運ぶか、いずれかだった。兵士と異なり、防寒具は自己調達とされたから、病気治療も含め困難な事態に追い込まれた軍夫も多かった。

軍夫たちは歴史にほとんど記録されなかった。戦病死した軍夫たちも、政府の『官報』に掲載されることはなかった。また参謀本部が戦史を編纂する際に、軍夫の調査をした形跡はあるが、戦病死の数は不明となった。軍夫丸木力蔵の『明治二十七八年戦役日誌』は、『官報』掲載の日本軍死亡者数に「もし是に軍夫を加うればその数又数千人まさん」と述べている。物資輸送の根幹を担った軍夫が、戦後忘れさられた状況への異議申し立てであろう。おそらく七〇〇〇人以上の軍夫が戦死・戦病死したと推定される。

黄海海戦の「完勝」

平壌陥落の翌一七日、朝鮮半島の西、黄海で日清の艦隊による黄海海戦が戦われた(中国では大東溝海戦と呼ぶ)。海戦前の予想では、両海軍の力は同等か、定遠・鎮遠の巨大戦艦二隻を持つ清国の方が有利であると考えられていた。午後零時五〇分、清国一二隻、日本一二隻で海戦が始まる。戦闘が始まると、北洋水師は、横梯陣を組み、前正面砲撃と艦首水雷発射を続けて近接し、喫水線下に装備されている衝角《ラム》衝突で沈めるという、帆船時代以来の戦法を採用したのに対し、日本の連合艦隊は、単縦陣で高速移動しつつ、砲撃戦で艦上などに打撃を与え、戦闘能力を奪うという新しい戦術を採った。欧米海軍の主流は、前者であったが、日本海軍は新戦術をどこから学んだのか。それはジョン・イングルス英国海軍大佐を介してである。イングルスは、海軍大臣直属の月給一〇六三円という破格の条件で雇用され、一八八九年から一八九二年にかけて計四期の海軍大学生(現役の将校中から選抜された提督・参謀候補者)に対し、蒸気船時代の艦隊戦術は、信号も不要な「前に倣え《フォロー・ザ・リーダー》」主義を採用して高速の艦隊運動を展開するのが、彼の教えであった。

五時間後の午後五時四五分に終わった時、清国巡洋艦四隻が砲撃で撃沈、一隻が戦場離脱の後擱座《かくざ》破壊と、清国は軍艦一二隻中五隻を失うという敗北となった。ほかに定遠・鎮遠・巡洋艦一隻も大破した。日本は、二隻大破(旗艦松島、砲艦一隻)、損壊一隻で、撃沈された艦はなかった。黄海海戦が終わった直後、山県は井上馨に宛てて、「平壌陥落は実に意外の結果」で、「引続《ひきつづき》海戦大捷《たいしょう》是亦《これまた》予想の外《ほか》」と率直に予想外の勝利であったと伝えている。

主力を逃した失敗

黄海海戦で、清国は巡洋艦五隻が沈められたが、まだ主力艦で装甲砲塔艦である定遠・鎮遠をはじめ、巡洋艦靖遠・来遠・平遠・威遠などが残存しており、根拠地である旅順港か威海衛《いかいえい》を拠点に、再び三たび黄海海上に現れる可能性があった。北洋水師も温存作戦を採り、威海衛から動かなくなる。冬季の港湾封鎖は困難で、北洋水師の水雷艇等が、黄海・渤海湾に出没し、輸送船を攻撃することは十分考えられ、陸軍に新たな作戦が強要されることとなった。一二月一四日、大本営は、旅順攻略を終えた第二軍に、対岸の山東省・威海衛攻略を命じた。第二軍に、内地に留保していた第二師団と第六師団の残部が加わり、一八九五年二月二日、威海衛要塞を占領したが、この戦闘で大寺安純陸軍少将が戦死する。日清戦争で戦死した唯一の将官だった。北洋水師は一二日遂に降伏し、潰滅した。

表3-2　黄海海戦における日清両国の海軍

日本

艦名	艦種	排水量(トン)	竣工年	造船所
比叡	装甲艦	2,200	1878	英国
扶桑	装甲艦	3,717	1878	英国
浪速	巡洋艦	3,650	1886	英国
高千穂	巡洋艦	3,650	1886	英国
西京丸	通報艦	2,913	1888	英国
赤城	砲艦	614	1890	小野浜(神戸)
厳島	海防艦	4,278	1891	仏国
千代田	巡洋艦	2,439	1891	仏国
松島	海防艦	4,278	1892	仏国
吉野	巡洋艦	4,160	1893	英国
橋立	海防艦	4,278	1894	横須賀
秋津洲	巡洋艦	3,172	1894	横須賀

清国

艦名	艦種	排水量(トン)	竣工年	造船所
揚威	巡洋艦	1,350	1881	英国
超勇	巡洋艦	1,350	1881	英国
定遠	装甲砲塔艦	7,314	1884	ドイツ
鎮遠	装甲砲塔艦	7,310	1884	ドイツ
済遠	巡洋艦	2,300	1885	ドイツ
靖遠	巡洋艦	2,300	1888	英国
致遠	巡洋艦	2,300	1887	英国
来遠	装甲砲塔艦	2,900	1887	ドイツ
経遠	装甲砲塔艦	2,900	1887	ドイツ
広甲	巡洋艦	1,296	1889	清国(福州)
平遠	巡洋艦	2,100	1890	清国(福州)
広丙	巡洋艦	1,000	1892	清国(福州)

外山三郎『日本海軍史』52〜53，68 頁より．

黄海海戦のもう一つの意味

黄海海戦は、欧米諸国もおおいに注目していた。表3−2に明らかなように、海戦に参加した両国海軍の軍艦計二四隻のうち、七五％はヨーロッパからの購入艦であった。国産化率二五％(六隻)では対等で、英仏(日本)対英独(清国)という組み合わせだった。日清両国ともに小型艦の造艦能力しかなかった（日清戦争直前に三〇〇〇トン級の巡洋艦秋津洲《あきつしま》を横須賀造船所で建造）。

英国のアームストロング社（以下、ア社）の海外派遣代理人であったバルタサー・ミュンター（もとデンマーク海軍士官）は、両国の沿岸要塞に自社の大砲を据え付けるなど「死の商人」の役割を果たしていた。ミュンターは、黄海海戦を商人の目で冷徹に見定め、海戦結果の新聞を読みあさり、ア社の大勝利だと確信した。仏人ベルタンが設計し、二隻もフランスで建造した三景艦はほとんど役に立たなかった。清国海軍の定遠・鎮遠など五隻はドイツのシチェチンで建造され、大砲はクルップ社製だった。

造艦でも速射砲でもア社が完全に優位に立ったことを示す、またとない軍事大実験と人々の目には映った。日清戦後の一八九六年に日本が発注した軍艦製造は、戦後の国際関係を配慮して、独仏英（ア社）に一隻ずつ、米国は東西両海岸に一隻ずつとしたが、それら新規建造艦の全てにア社製の大砲が装備されることになり、予備砲弾の注文も含め

図 **3-6**　巡洋艦吉野．英国製の最速艦（22.5 ノット）で，アームストロング社（英国）製 15 センチ速射砲（毎分 3 発）などにより清国海軍を圧倒．

て膨大な取引が成立する。一八九七年には、総トン数四万トン以上と大砲装備全ての発注もア社に行われた。

黄海海戦以後、幕末とは比較にならぬ規模の、欧米武器商人の一大見本市でもあり、武器マーケットとしてのアジア、という欧米の旨味《うまみ》が以後一〇〇年以上も続いていく。

5 終戦から戦後へ

下関講和条約へ

一八九四年九月の黄海海戦と平壌陥落で、朝鮮半島を確保するという第一期作戦は終了した。第二軍による遼東半島攻略も一〇月二四日に始まり、一一月六日金州城を占領。第一軍は鴨緑江を渡河し、清国領内に侵入、一〇月二六日九連城を占領。第二軍は、引き続き旅順要塞を攻略する作戦を進めた。第一軍は九連城から鳳凰城へさらに侵出し、第二期作戦①(直隷平野での決戦)をめざし、行動する計画だった。

一一月上旬には、米、英、露が両国に対し、居中《きょちゅう》調停の意志を伝えるなど介入を開始する。清国との決着を戦争目的に加えていた日本政府は、この段階での講和成立は無用と考えた。

伊藤首相は一二月四日、意見書「威海衛を衝き台湾を略すべき方略」を大本営に提出した(「秘書類纂　機密日清戦争」)。このまま直隷決戦に向け、清国領内に侵出するのは得策ではない。

清国政府の瓦解の可能性があり、そうなれば諸列強の戦争介入は強まり、日本は一転不利な立場に置かれる、というものである。こうした見方は特別なものではなく、民間でも議論されている内容だった。例えば、『東京経済雑誌』(一八九五年一月一二日)論説は、北京城が陥落しても、清帝は降伏せず、退去して抗戦する場合を想定している。

伊藤は「ただ左の一策あるのみ」と言う。第一軍と第二軍の両軍は「一方は宜く渤海を渡りて威海衛を屠《ほふ》るべし」、「他の一方においては同時に台湾を略取《りゃくしゅ》すべし」という二案である。特に台湾略取は世論の求めるものであり、「苟《いやしく》も台湾の譲与をもって和平条約の一要件と為すにおいては先ず我において兵力をもってこれを占領したるの後にあらざれば彼をしてこれを割譲せしむるの根柢《こんぱい》なきを奈何《いかん》せん」として、台湾占領作戦の成功が、割譲の「根柢」であると言い切っている。

台湾占領作戦は、予定した第一軍が遼河平原での戦闘に苦戦し、威海衛攻略命令よりはるかに遅れる。三月二三日、歩兵一個旅団を台湾島西方の澎湖《ほうこ》諸島に上陸させ、台湾島攻略のための前進基地として確保させた。すでに講和全権として李鴻章の任命が米国経由で日本に通知されていた。台湾譲与を講和条件に入れるには、正式交渉開始までの占領が必要で、台湾島に属する澎湖諸島占領は、その条件を満たすためだった。

清国全権李鴻章、李経方、伍廷芳《ごていほう》が、三月一九日門司《もじ》に到着、翌日から対岸の下関・春帆楼《しゅんぱんろう》で日本側全権伊藤博文、陸奥宗光と、講和協議に入った。李鴻章がまず求めた休戦条約を当初認めなかった日本側も、李鴻章の狙撃事件で世界の同情が寄せられると、妥協に踏み切らざるを得なくなり、三〇日休戦条約を成立させる。その後諸列強の干渉と日本の軍事的圧力が強まる中で、清国総理衙門は日本側修正案を承諾した。条約は、①朝鮮の独立承認、②遼東半島・台湾の割譲、③庫平銀二億両《テール》の賠償金、という苛酷な内容だった。

講和条約の調印

四月一七日午前、講和条約は調印された。午後には李鴻章ら清国使節団は帰国していった。天皇の裁可を経て、伊東巳代治内閣書記官長が、全権大臣として清国の外交都市芝罘《チーフー》に向かった。五月八日、予定通り批准書交換がなされ、講和条約は発効となった。

「日清戦争」とは何か

いったい「日清戦争」とは何をさすのだろうか。実は参謀本部も大本営も、日清戦争を一八九五年四月の下関講和条約で終わったとは認識していなかった。同年一一月一八日に樺山資紀台湾総督が「全島まったく平定に帰す」と大本営に報告したのを受け、一八九四年七月二五日から一八九五年一一月三〇日が戦争期間と決定された（参謀本部編『明治廿七八年日清戦史』）。

本書は、開始時点に朝鮮との「七月二三日戦争」も組み入れ、広義の「日清戦争」を、①七月二三日の日朝戦争、②狭義の日清戦争（一八九四年七月二五日〜一八九五年四月一七日）、③台湾征服戦争（一八九五年五月一〇日〜同年一一月三〇日）の三期間を合わせたものと考える。

参謀本部や海軍軍令部は『戦史』を公刊する。当然次の戦争に勝つためである。参謀本部編『明治廿七八年日清戦史』は、七月二三日戦争を否定した。日朝両軍兵士の偶発的衝突から王宮占領のやむなきに至った事件、との文章が公式には流布する。七月二三日戦争を政府は隠し、公式戦史の上では存在しないことになった。日本の新聞はリアルタイムでこの戦争を報じていたが、日清戦争が終わった時には新聞各紙も、七月二三日戦争のことを忘れていた。

日清戦争とアジア

一八八四年からの清仏戦争は、清の粘り勝ちであり、清の敗北ではなかった。その後日清戦争までの一〇年間アジアはほとんど平和であった。一八五〇年前後、清が混乱していた状況を利用した列強の強圧はいったん収まり、列強の新たな攻勢によるアジア分割という危機はまだ始まっていなかった。

だが、日清戦争は、清の軍事力が弱体だと世界に暴露し、列強諸国に対抗する軍事力がアジアに存在しないことを伝えてしまった。以後、列強はアジアへの侵略を再始動する。植民地台湾を確保し「大日本帝国」としてアジアに登場した日本も、連動して帝国主義のアジア侵略を拡大していく。一九世紀末以降のアジアの危機は、日清戦争によって生み出されたのである。

戦争と国民生活

戦争による好況化という言説が登場するのは、日清戦争からである。新聞各紙は、開戦当初にナショナリズムを煽り、戦争協力を求めたが、市場は警戒感から急速に冷え込んでいった。「朝鮮事件の葛藤を生ぜし以来は、金融界の不況益々甚しく（中略）新規事業は何《いず》れも躊躇しおれる風情あり」（『国民新聞』八月五日）と、鉄道などの大型投資を必要とするものは、京鶴鉄道のように中止に追い込まれるものまで出てくる状況となった。日常品の買い控えまで起きたので、八月末の『国民新聞』（二八日）社説「不景気とは何事ぞ」は、「国民その平常を失うたるに由《よ》る」と不活発な経済状況に叱声を飛ばしている。

国木田独歩《くにきだどっぽ》「置土産」（『太陽』一九〇〇年一二月号）に登場する青年吉次は、軍夫になり、「彼方《あっち》で病死した」。口入業者等の募集する軍夫は、外地手当付き日当を収入として期待した。外征した合計三二万八〇〇〇名が、自らの目で初めて「外国」を見、刺激を受けたのである。

彼らは、吉次青年の願いのように、戦後凱旋して日本人社会に復帰しただけではなかった。朝鮮や台湾、清国に新たな実業関与の機会を発見し、再び海を渡っていた。一九〇七年刊行の『満州紳士録』前編という人名録にある二四五名の経歴を見ると、日清戦争の従軍軍人一〇名、通訳の従軍者一〇名、御用商人（酒保《しゅほ》、運送など）八名であり、全体の一〇％強が、除隊した後の実業世界へ参入する好機の場所として清国へ渡ってきたことがわかる。

貿易と産業の発展は、人々の生活水準を上げていった。日清戦争から戦後にかけて、都市下層の収入は実質的に二〇％程度上昇し、主要食物も兵営や学校の残飯から、米食に変化していった。ただし安価な外米で、南京米（ベトナムからの輸入米）や開発が進んでからの台湾米しか購入できなかった。彼らの生活には、植民地の経済構造が組み込まれていった。地租改正、松方デフレ、地主制の進展という三重苦から都市スラムへ挙家離村してきた人々は、日清戦後から日露戦後の十数年の変化により、生活を緩やかに上昇させていた。類《たぐ》い希《まれ》な生活観察者横山源之助は、一九一二年に「日清戦役前後と、今日とを比較せば、東京市の貧民状態は非常な変化を現わしている」（「貧街十五年間の移動」『太陽』一月号）と記し、熟練労働者にまではなれないが、工場に常雇いの人足として雇われる都市スラム住人が増え、「貧街職業の移動」、つまり定収入の獲得によりスラムからの脱出が進んでいると報告した。その始まりは日清戦争とそれを契機とする産業化の進展だった。

戦争ジャーナリズム

日清戦争は、国民の対外観を変える大きな機会となった。一八九四年四月五日、時事新報社など東京の一五新聞社は連名で、「金氏追悼義金」の応募を訴えた。閔《ミン》氏政権の刺客に上海で暗殺された後、漢城に返送された金玉均《キムオッキュン》の遺骸が梟首《きょうしゅ》となった挿し絵や漢城の状況などを一斉に掲載して同情を訴えていたが、清国との戦争が近づき、朝鮮や清国と干戈《かんか》を交える段階になると、新聞の言説は二分していく。

一つは、朝鮮独立維持のための戦争、という大義名分を展開するもの。『国民新聞』七月一七日付社説は、もし朝鮮宮廷が袁世凱の奸計《かんけい》に弄《ろう》され、親清派が勢力を持てば、日本軍は、朝鮮の独立を維持するため戦うべきだ、と説いている。

もう一つは、清国との開戦から、「歴史」の想起となった。『国民新聞』は、豊臣秀吉の朝鮮侵略戦争である「文禄平壌の戦」二回(八月)、倭寇《わこう》を描いた「海賊大将軍」三回(八月)を掲載した後、二九回にわたり、福地《ふくち》桜痴《おうち》の「支那問罪/義経仁義主汗《ジンギスカン》」を連載する。源義経が衣川で死なず、シベリアに渡り、ジンギスカンとして即位する、という荒唐無稽な源義経=成吉思《ジンギス》汗《カン》説の主張であった。明らかに清王朝の先鞭である元=モンゴルの歴史を簒奪《さんだつ》している。域内平和であった江戸時代の鎖国や、長崎での日明・日清貿易の歴史は呼び戻されない。

現場の戦争報道の主役も新聞だった。各社は特派記者からの情報や従軍した将校・兵士・軍夫らからの故郷への手紙などを掲載して、戦場の有り様を想像させ、家族や友人の無事を祈ることを求めた(第6章参照)。戦争を視覚的に見せるのは、まだ絵画が担っていた。東陽堂が一八八九年に創刊した『風俗画報』の役割は続いていた。一八九四年九月臨時増刊号として「日清戦争図絵」第一編を発行し、従軍していない画家たち、名和《なわ》長年《ながとし》、遠藤耕渓《こうけい》、石塚空翠《くうすい》、山本松谷《しょうこく》らが二〇場面を描き出す。以後「日清戦争図絵」は毎月一号、翌年五月までに第九編まで続き、久保田米僊《べいせん》や尾形月耕《げっこう》なども動員して約一二〇の場面が掲載された。それを見て、『日清交戦録』や『日清戦争実記』など六種類の戦争報道専門の雑誌が創刊されていった。

荒畑寒村《あらはたかんそん》は七歳の少年で、「戦争そのものに関する記憶ははなはだ漠然」としたものだったが、「例の絵双紙で、原田重吉の玄武門破りや、安城渡《あんじょうと》で戦死したラッパ卒白上《(マヽ)》源次郎や、牛荘の市街戦で左手に支那人の捨て子をかかえ、右手に剣をふるう大寺少将の雪中奮戦の光景を想見し」た、と回想している(『寒村自伝』)。東京は小川町の絵草紙屋店頭に掲げられている売り物の日清戦争錦絵を見ている民衆は、「オオ怖わい事、敵《ムコウ》の国はあら程ひどい事為《す》るの、ようお母様」や「李鴻章メ、生意気な面して、居やがる畜生ッ」などと気炎を吐きながら、戦争へ思いを馳せていた(天涯茫々生「社会の観察——絵草紙屋の前」一八九五年五月二六日)。絵がまだ報道性を持っていた時代である。

東陽堂の『風俗画報』の特集版「図絵」に掲載される絵がもてはやされるのは、「喇叭《らっぱ》手戦死の図」など写真師も取りようのない場面を、新聞報道から想像して描き、読者に伝えるところにあった。「想像」による「戦死場面」が、読者の想像や期待通りの絵柄・構図となり、共感を巻き起こし、記憶の共有財産となっていく。「国民」形成への道のりであった。

こうした戦争報道が効果を発揮していっていた。記者横山源之助は、銭湯の脱衣場が社交倶楽部と化し、正確な新聞情報が「強記なるかれらが注意に刻まれ居候《おりそうろう》には、聞く人吃驚《きっきょう》すべくほどかれらが間に戦争談の喧伝《けんでん》せられつつあるを、いつもわれらは驚愕賛嘆候なり」(『毎日新聞』、一八九五年一月一七日)と、報告している。

どのように戦ったのかは、戦後建立する戦争記念碑や追悼碑に表現される。西洋の石造記念碑文化が知られていた日清戦後には、全国で戦争記念碑が続々と建てられていった。最も大きく代表的な記念碑は、第一軍の将校団が建設を呼びかけた「第一軍戦死者記念碑」であろう。募金予定額は三万円で、戦利品の清国兵器を溶かして東京砲兵工廠で鋳造された、砲弾型の高さ一一・九六メートルの記念碑は、石造の八角形基台に乗り、基台の周囲は大小二四門の青銅砲の砲身が玉垣《たまがき》として巡っている。砲身には「大阪砲兵工廠明治十六年(〜二十三年)製」とある。日清戦争を戦い抜いた日本の軍事技術の粋を表現する場ともなっているわけである。二基鋳造されたこの巨大な記念碑は、第一軍を編成した第三師団と第五師団により一九〇三年建立された。名古屋市南武平町交差点と広島市西練兵場大手町筋入り口であり、前者は官庁街の中心に当たる。熊本市でも第六師団の記念碑が設置され、人々が常に日清戦争の勝利を意識する市内中心地が選ばれた。

第一軍記念碑

まさにこれらは戦争の勝利記念碑であり、西欧の凱旋門に相当する施設であった。その性格は「第一軍戦死者記念碑」に刻まれた名簿にも現れている。名古屋の記念碑には第三師団戦死者三五一名、広島でも戦死者三七二名の名が刻まれた。実はその他に前者には病死者一〇四三名、変死者三四名、後者にも病死者一六一二名、変死者六六名と、戦死者の三倍、四・五倍になる死者がいるが、全て除外された。この記念碑は、「敵」と戦い戦死または戦傷死した軍人を顕彰するものではあっても、病という敵により倒された人々を追悼するものではなかった。

靖国神社の合祀

靖国神社では、まず一八九五年一二月一七日に戦死者・戦傷死者を合祀する臨時大祭が行われ、天皇が親拝したが、戦病死者は放置された。この時点では一八七八年六月二七日、太政官への伺いによる合祀基準、つまり戦闘死者・戦傷死者・戦闘中の事故死者・捕虜となった死亡者は合祀されるが、戦病死者は合祀されないことになっていた。一八九八年九月三〇日に陸軍大臣、一〇月六日に海軍大臣が、戦地での戦病死者も特旨《とくし》で合祀すると告示し、これにより同年一一月五日、日清戦争戦病死者の合祀臨時大祭が執り行われることになった(大江志乃夫『靖国神社』)。陸軍大臣告示の翌日、一〇月一日は増設された第八師団から第一二師団までの編制が発令される日であり、新たな戦争死者を想像させる日露戦争への準備が人々の目にも明らかとなる時だった。日露戦争でも戦死者と病死者の二種類の死者として区別されて合祀の臨時大祭が行われる。

地域の戦争記念碑

愛知県の調査では一八九五年から一九二三年までに、日清戦争記念碑が一一一基建立されている。そのうち「従軍」一一基、「戦捷」八基、「凱旋」三基と計二二基(二〇%)が生還した従軍者も讃えようという内容を持っており、戦没軍人だけを祀っているわけではない。従軍した、という国家との関係・距離が重要で、その義務を果たした地域の代表、という意義づけが認められる。「忠魂碑」「表忠碑」各一二基、計二四基が「忠」

図 3-7　「征清記念碑」(右上・新発田市，左上・甲府市，右下・和歌山市，左下・出雲市)．戦争は近代兵器で戦われたが，武士道イデオロギーは，槍型戦争記念碑の形で民衆世界に持ち込まれた．

を含む碑名を持つが、まだ二二%と少ない。日露戦後にこれらの碑名群は増加する。国家との距離ではなく、天皇との距離を示す意思が強くなった表象である。

錦絵などで強調された構図は、武士イデオロギーに基づくものだった。軍艦の砲撃場面を描くのに、指揮官の将校が刀で砲撃を合図する錦絵、大砲の側で乗馬したままやはり刀で指揮する将校を描く錦絵など、刀と馬がキーワードとなり、シンボルとなった。騎馬民族である女真族からなる清国軍を相手としているという画家たちの想像力が現れている。各地で日清戦争記念碑が建立された時、「槍」を形象したものが少なくとも四基ある(図3-7)。武士イデオロギーの鼓舞は、次の戦争を呼び出す。

第4章　台湾征服戦争

「台湾風俗双六」.「東京城」を振り出しに，拠点地を廻りながら「総督府」で上がりになる．左下には「生蕃土人」もいる(1897年，東京都立中央図書館蔵).

1　苛酷な征服

狭義の日清戦争は終わったが、戦争そのものは続いていた。清国が譲渡した台湾での中国人による抵抗が続いていたのである。

北守南進策の台湾

台湾に注目し、その占領と清国からの割譲を要求するのは、政府と軍部の了解事項であった。松方正義は北守南進論の構想を持ち、一八九四(明治二七)年冬、一つの意見書を、同じ薩摩閥の川上操六《そうろく》参謀次長に送った(『公爵松方正義伝』)。松方は、天津から北京を占領するより台湾占領の急務を提案し、これを占領せずに終戦となるのは「百年の遺憾《いかん》千秋の失敬このことと存候《ぞんじそうろう》」とまで重要だと位置づける。「我邦の前途は、北に守りて南に攻るの方針」を取らねばならない、台湾は、マレー半島や南洋群島にまで進出する根拠地だと位置づけていた。日清戦後の情勢予想からすると、日本の南進論の拠点として確保しなければ、列強が奪取する可能性に危機感を抱いていた。こうした見方は、松方一人のものではなかった。松方はこの意見書を「天下有識者の公論」と言い、伊藤博文も「同感同情」であると伝えている。

また陸奥宗光外相も、同じ意見を持っていた。意見書「台湾島鎮撫《ちんぶ》策《さく》に関して」(作成年月不明。陸奥は一八九七年八月二四日没)は、台湾領有の目的を、①中国大陸や南洋群島に将来版図を展開する際の根拠地とする、②資源を開発して工業を育成し、通商利権を握る、の二つを挙げている。そのため陸奥は、鎮撫統治の要《かなめ》は「第一、島民を威圧するを要す／第二、支那民俗を台島より攘逐減少するを要す／第三、我国民の遷住を奨励す」の三カ条とした。このような見方は国家機密でも何でもなく、一八九七年に出版された『台湾事情』（春陽堂）で地理学者松島剛・佐藤宏が、

新領地　もし治績《ちせき》緒につき、拓殖の功挙がるに及ばば、この地〔台湾〕我鵬翼《ほうよく》を延ばすの根拠となるは自然の勢なり。南を望まば比列賓《フィリピン》は已《すで》に咫尺《しせき》の間〔近距離〕に在り。南洋諸島は飛石の如くに相連り、香港、安南、新嘉坡《シンガポール》もまた遠きにあらず。みな邦人の雄飛を試むべき地なり。然《しか》れどもこれらの事はただ将来の出来事をして、自らこれを証せしめんのみ。

と解説したように、帝国として膨張しつつある日本、という認識が広がっていた。台湾統治を南進の拠点とする考えは、のちに児玉源太郎台湾総督や後藤新平民政長官の支持も得る。

台湾の自生的発展

一八九五年六月二日、台北の北、海上で李経方と台湾の割譲手続きを済ませた樺山資紀《すけのり》台湾総督は、占領した台北で台湾総督府始政式を執行した。樺山総督に同行した水野遵《じゅん》民政局長は「極めて平和的、極めて文明的の形式をもってその受理が終

ると考え」(『大路水野遵先生』)ていたように、台湾平定は順調に進むと思われた。上海居留地で発行されていたイギリス系新聞『ノースチャイナ・ヘラルド』の記事「台湾の日本軍」(一八九五年九月六日)は、台湾占領について作戦のまずさを指摘するだけでなく、「日本の犯した大きな過ちは、島に住む客家《ハッカ》その他の中国系農民の気性と力を過小評価したことだ」と、抵抗運動のエネルギーを見据えていた。

その記事の言うように、台湾は一九世紀に入って茶業と糖業を中心に開発が進められ、欧米との貿易も増加したため、本土からの移住も増えていた。一九世紀前半には「一府二鹿三艋舺」と呼ばれるほど、台南府・鹿港(台中の南、彰化《しょうか》の港町)・艋舺(台北の西部)の三大港を中心とした繁栄が見られ、林本源一族や陳中和一族などが土着した商人資本の代表だった。一八八五年には台湾省を置き、三府一直隷州六庁一県の設置となった。アヘン戦争などを機に貿易港として指定された基隆《キールン》、打狗《タアカウ》(日本領有後に高雄と改称)港を中心として、城壁都市台北府(一八七五年設置)や台南府が設けられ、都市化が進められた。

清国の開化派である洋務派の劉銘伝《りゅうめいでん》が巡撫《じゅんぶ》となると、地租改正を意味する清賦事業に着手し、省都・台北府の近代都市化も大きく図られた。電気と電灯、電信、鉄道などの近代的社会基盤を整備し、本土から商人資本を呼び寄せ、興市公司を設立するなど積極的な政策を進めた。劉巡撫は、一八八七年に基隆—彰化間の鉄道を建議して認められ、一八九一年には基隆—台北間が竣工、台北より新竹間が一八九三年に竣工した。全線七五マイル（一二〇・七キロ）は乗客中心で貨物輸送力は微弱だったが、中国で最初の鉄道の一つという画期的なものだった。

こうした自生的発展にストップをかけたのが、一八九五年の台湾割譲だった。本土から移住の漢人商人（台湾士紳）を中心に台湾民主国が作られたのも、南洋大臣張之洞《ちょうしどう》らの割譲阻止策略という背景もあったが、一九世紀末に至るまでの台湾の自生的発展からの結論でもあった。

台湾民主国と占領戦争

五月二三日、「わが台民敵に仕うるよりは死することを決す」という台湾民主国宣言が発表され、二五日に総統就任式を行い、劉銘伝の後任巡撫である唐景崧《とうけいすう》を総統、挙人（科挙の郷試（地方試験）合格者）の丘逢甲を副総統兼全台義軍統領として台湾民主国は樹立された。年号を永清、国旗は「藍質虎章《らんしつこしょう》」と定めた。だが九〇〇〇人と推定された巡撫の清軍は、近衛師団が上陸すると一戦も交えず崩壊し、唐総統は台湾を脱出した。

最も強く抵抗したのは先住民である高山《こうざん》族で、清兵を率いた台湾幇辦軍務の劉永福《りゅうえいふく》は「民主国大将軍」を名乗り、台南府を拠点に頑強に戦った。劉将軍は、清仏戦争で黒旗軍を率いて、フランス軍を敗北に追い込んだ英雄として知られており、台湾でも自然の「嶮《けん》に拠り、塁を築き濠を掘」（台湾総督府法務部編纂『台湾匪乱小史』一九二〇年）って戦いを続けた。強い抵抗に遭遇した樺山総督は、「実際の状況は外征における異なることなし」と六月一九日、政府に報告し（『秘書類纂』台湾資料）、軍隊増派を請求した。これを受けて、大本営は、遼東半島にいた第二

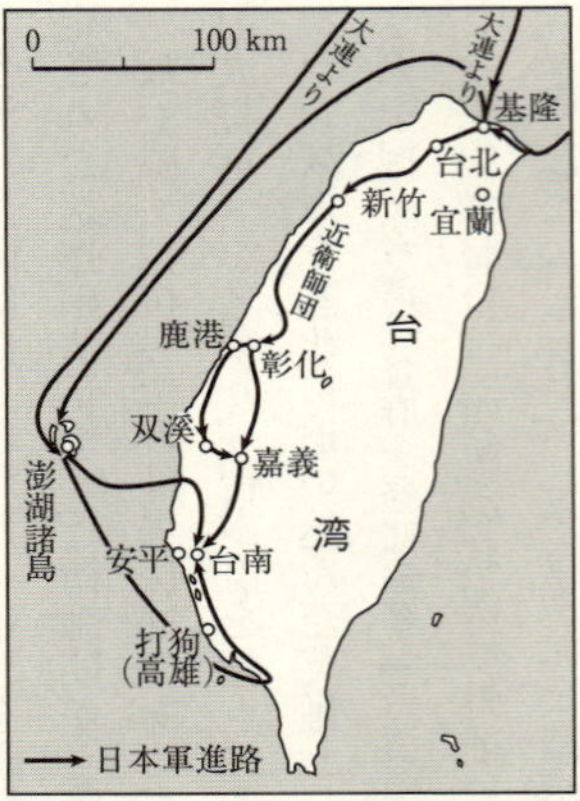

図 **4-1**　台湾征服戦争経過図

師団から混成第四旅団を抽出し、台湾に向かわせる。七月中旬、樺山総督は、さらに一個師団半の増派を請求した。

大本営は増派決定のうえ、八月六日に台湾総督府条例を定めた。この条例は、鎮定難航のため軍政施行を意味するとともに、「軍部機関を拡充して略々《ほぼ》軍司令部と同一の編制」（参謀本部編『日清戦史』）とし、二個師団を上回る兵力は、第一軍以上の軍事力となり、それだけ台湾平定が困難になっていたことを物語る。さらに予備役に転じた枢密顧問官・高島鞆之助《とものすけ》陸軍中将を現役に復し、台湾副総督に任命して、南部平定軍の指揮を執らせ、大島久直陸軍少将を総督府参謀長に任じた。伊藤内閣も、七月一六日、台湾情勢は「百事至難の境遇に在る」と認識を改め、「速《すみやか》に鎮定の奏功を望」むので「鎮定までの間は法規等に拘泥《こうでい》せず万事敏捷《びんしょう》に相運候筈《はず》に申合せ」た八カ条を内閣閣令として通達した。

台湾平定の困難さは武装抵抗だけではなかった。風土病のマラリア、炎天下の水不足から生水を呑んでの赤痢などによる「吐瀉《としゃ》病」、栄養不足からの脚気《かっけ》病などが広がり、「八月中旬後壠に抵《いた》るの頃は各隊の病者概《おおむね》健康者の半数以上に達した」（「明治二十七八年役陸軍衛生事績」『明治軍事史』）と罹病者が続出したことにより、戦闘力が不足した。八月二九日に中部の彰化を占領した近衛師団は、南方への前進を止め、一〇月三日まで給養することになったが、「諸隊の人員殆ど半に減ず」（『官報』八月三一日）という有り様だった。

台湾平定宣言

ようやく南下を再開した近衛師団は、一〇月九日には嘉義《かぎ》を占領した。台南の南北海岸に上陸した増援部隊を含め三方から台南府を攻略にかかると、一九日、劉将軍も台南府から脱出し、廈門《アモイ》に向かい、台湾民主国は崩壊した。台南を無血占領したのを受け、樺山総督の台湾平定宣言は、一八九五年一一月一八日東京の大本営に報告された。

攻略作戦の途上、近衛師団長北白川宮能久《よしひさ》親王と川村第一旅団長、阪井第二旅団長がマラリアに罹り、能久親王は亡くなる。日本は、約七万六〇〇〇人の兵力（軍人四万九八三五人、日本人軍夫二万六二一六人）を投入、日本軍の死傷者五三二〇名（戦死者一六四名、戦病死者四六四二名、負傷者五一四名）、中国人兵士・住民一万四〇〇〇人を殺害して、台湾を獲得する。

先に引用した『ノースチャイナ・ヘラルド』紙は、「全く無用の戦い」で「〔日本軍と住民の〕両者ともども行った残虐行為の記憶は長く心にとどめられ、平和で静穏な状態を確立する上で障害となるだろう」と、九月六日の時点で断言していた。無用の残虐な征服戦争に踏み切った日本は、外交的軍事的敗北を宣言されていたことになる。

予想の通り、同年一二月には台湾北部の宜蘭《ぎらん》が包囲され、翌年元旦には台北城が襲われるなど、各地で高山族が蜂起し、日本統治への抵抗は一九〇二年まで続く。台湾総督府法務部編纂『台湾匪乱小史』は、一節を「土匪《どひ》蜂起と討伐」とし、一八九五年五月末から一九〇二年五月末に至る七年間の蜂起と鎮圧経過を記している。

その後の抵抗運動と弾圧

一八九五年から一九〇二年は台湾統治上「第一期」と呼ばれている。この時期に「土匪の台北を襲うこと二回、台中を襲うこと二回、その他各所の守備隊弁務署支庁憲兵屯所を襲うこと五十数回、巡査派出所襲撃などは枚挙に遑《いとま》あらず」(矢内原《やないはら》忠雄『帝国主義下の台湾』)と総督府の弾圧が残虐であるだけ、抵抗もいっそう厳しくなっていた。『公爵桂太郎伝』も、「匪賊」と住民の区別を付けることができず、「玉石倶《とも》に焚《た》くという殺戮を敢《あえ》てしたり」と認めている。

後藤新平が一九一四年五月、東京で行った講演の記録『日本植民政策一斑』は、一八九六年から一九〇二年までの「匪徒殺戮数(林少猫討伐まで)」について、「捕縛もしくは護送の際抵抗せしため」五六七三人、「判決による死刑」二九九九人、「討伐隊の手に依るもの」三二七九人、合計一万一九五一人を「殺戮」したが、そのうち裁判で死刑となったのは三〇〇〇人しかいなかった。その他の九〇〇〇人の「殺戮」の例を、後藤はこう語った。

帰順証交付のため警察署弁務署支署等へ呼び出し、訓令を加え、これに抵抗したるものはこれを殺戮することに予定し、同日同刻に呼んで一斉射撃で殺したのであります。（中略）土匪帰順法は（中略）天皇の大権に亘《わた》る生殺与奪の権で（中略）帰順させた者の中には良民たるべきものと不良民にして到底ものにならぬ奴がある、まず仮帰順証を与えて若干月日監視し選び抜いてその悪い者を同日同時に殺したのであります。

赤裸々に「土匪」の「殺戮」を語る後藤だが、第一期支配の特色として挙げたのが「保甲制度」だった。宋代の中国にあった民衆監視制度で、中国史に詳しかった当時の日本人ならすぐに思いつく政策で、陸奥宗光も提案している（『現代史資料』台湾1）。後藤は「総ての罪悪に連座の制です」と語って、治安維持に大いに効果があったと誇っている。

腐敗と堕落

このようなあからさまな「殺戮」と民衆の相互監視制度という強圧的政治のもたらしたものは、台湾総督府自身の腐敗と堕落だった。一八九七年中に台湾総督府の事務官（台北県知事、土木課長、技師など）が摘発された疑獄事件は四件もあった（『台湾総督府警察沿革誌』）。台湾総督府高等法院長高野孟矩《たけのり》は、乃木希典《のぎまれすけ》総督の非職上奏（休職にするよう天皇に上奏）に基づき同年一〇月解任され、高野に殉じた台湾総督府法院判官は一二月中旬までに「依願免本官」八名、「免本官」二名、「非職」四名と計一四名の多数となり、大事件となった。法院判官浜崎芳雄は、病と称して上京し、同年八月「台湾総督を弾劾するの書」を送付するなどの抗議行動を起こして、一一月免官になる。その抗議書は、「希典疑獄事件の漸次蔓延するは、自家の職責に係《かか》るをもって頗《すこぶ》るこれを厭忌《えんき》し、なるべく事局の瑣少《さしょう》ならんことを欲するも、司法官は彼の意の如くならず。故にまず重《おも》なる司法官を非免(ママ)し、他を畏懼《いく》せしめ、もって自家の体面を装わんとする一片の卑劣心に出で」と乃木希典総督を強く弾劾するものだった。高野院長は、総督府疑獄の摘発に熱心だっただけでなく、総督府の先住民弾圧にも批判的だった。

2 「外地」の誕生

軍政から民政へ

台湾の領有によって日本は、時間の基準を二つ持つことになる。一八九五年一二月二七日、新たに台湾島の西を通る子午線東経一二〇度を「西部標準時」とし、台湾・澎湖諸島・八重山諸島・宮古諸島の標準時と定め、時差一時間の東経一三五度を「中央標準時」とすることが公布され、翌九六年一月一日から実施された(一九三七年廃止)。二つの時間を持ったことは象徴的で、法の支配力も二つに分かれていた。

台湾平定を受け、軍政を施行していた台湾総督府条例は廃止され、一八九六年三月三一日、新しく台湾総督府条例(勅令第八八号)、台湾総督府評議会章程(同第八九号)などが制定公布され、民政へ移行する。台湾総督は、陸海軍の大将か中将とされて、以後軍部が独占した。総督の発する律令を検討する評議会は、総督以下の職員で構成され、地域住民の声を吸収する機関ではなかった。台湾統治の基本方針が定まったこの日、大本営はようやく解散となった。

六三問題

軍政から民政に移管する統治制度の協議のため、伊藤内閣は近衛師団の台北占領と同じ六月、伊藤首相を総裁、川上操六参謀次長を副総裁とする台湾事務局を内閣内に設置する。さらに御雇外国人顧問を動員して、統治制度の検討を行った。帝国大学御雇仏国人ルボンは、本国の延長と見なしてフランス式の同化主義を、司法省御雇英国人カークードは、ただ天皇の行政権・立法権のみに属して憲法の制約を受けないことを、外務省御雇米国人デニソンは、台湾島民の国籍と権利について憲法は施行されない、と意見具申した。

伊藤らが重視したのは、議会の介入を制度的に防ぎつつ、台湾統治を進めることだった。その点では、カークード意見書に基づく、憲法不適用、総督と総督府の権限強化、という内容がもっとも望ましかった。しかし一方で、天皇に直隷する武官総督が内閣から独立し専断化することも防ぎたかった。伊藤は、武官総督制に同意して陸軍に妥協したが、専断化の危険性については台湾関係予算の成立という課題を抱えていたため決断できず、曖昧な内容の「台湾に施行すべき法令に関する法律」案を、第九議会に提出した(一八九六年三月一四日)。同法案は全五条からなり、台湾総督は「法律の効力を有する命令を発することを得」(第一条)、前条の命令は総督府評議会で議決し、天皇の勅裁を得る(第二条)、現行・未来の法律の施行分は勅令で定める(第五条)というもので、帝国議会の審議を経ることなく法律類似の総督「命令」が制定できるという、超憲法的な法律案には、たちまち議員の異論と違憲論が続出した。

動揺した政府はいったん法案を撤回するが、翌日には再提案するという無様な状態を見せた。会期末という悪条件から、衆議院は第六条に三カ年の時限立法、という条文を付加して、貴族院に送った。貴族院も違憲論を出したが、結局第六条の付加という条件で可決する。会期末に慌ただしく可決され、三月三一日に公布された同法は、台湾総督に、勅裁を受けたうえで法律と同等の効力を持つ命令(特に律令と呼ぶ)を発する権限を与える、三年間の時限法である。法律第六三号であったため、以後議論は「六三問題」と呼ばれてしばしば問題となった。

先に述べた高野孟矩の非職問題も、憲法問題として議論になった。非職となった高野が非職違憲論を唱えて、政府に抗議し、自ら辞めない根拠として、帝国憲法第五八条の二項(裁判官の身分保障)を主張した。台湾総督府の高等法院の判官は、裁判官として身分保障され、総督の上奏や内閣の非職辞令に従う必要はない、というもので、国内では高野非職が合憲か違憲かで議論が起こり、違憲論者の中には松方内閣批判へと拡大する者も現れた。与党であった進歩党は結局松方内閣を見放し、九七年一二月、松方内閣の総辞職となった。台湾を内地延長ではなく植民地と捉え、憲法は適用されるが施行されない、という政策は、内地に逆流して混乱を生み、内閣崩壊にまで及んでしまったのである。

「外地」の実態

二つの時間軸を持った新生帝国日本は、〈議会、特に政党を排除する空間・台湾〉と、〈議会の成長を認め、関与を広げて大正デモクラシーへつながっていく空間・本土〉の二つに分裂し、前者は植民地と戦争の拡大により膨張し、いびつなダブルスタンダード国家ができあがっていく。

三年後の一八九八年、第二次山県内閣は六三法の三年間延長案を提出成立させた。この時、匪徒刑罰令が内地人にも適用されるのか、という貴族院での質問に、後藤新平は、本国の法律に「抵触してあっても構わぬ」と答え、内地と異質な刑罰や法令が台湾住民に適用されることを確認している。さらに、三年ごとの延長をそのつど成立させる方法が一九〇六年まで続いた。一九〇六年には五年間の年限法でほとんど同文の法律第三一号が可決公布された(三一法)。佐久間左馬太《さまた》総督は、評議会を改め、総督府官僚に台湾人など民間人を加えた律令審議会を置いたが、その権限から律令議決権は除いていた。その後また延長が繰り返されて、一九二一年一二月三一日まで続く。一九二一年三月「台湾に施行すべき法令に関する法律案」(法三号)が可決され、翌年一月一日から施行され、一九四五年まで続いた。

新たに「内地延長主義」をうたった「法三号」施行以後は、治安維持法が直ちに施行されるなど抑圧的な法律は「延長」されるが、律令も維持された。地方参政権すら限定的適用であり、一九二〇年代以降も台湾人の人権と政治的自由は異例なままだった。日本政府は、「植民地」という言葉を忌避し、当初は「台湾・朝鮮」と地名列挙方式、一九二〇年代末からは公式に「外地」を使用するが、実態として「植民地」とその支配であることは言うまでもない。

台湾神社の創建

台南県で病没した近衛師団長北白川宮能久親王の遺体は、死を秘して船で東京へ運ばれ、一一月一一日、国葬が行われた。病死であることは隠しようのないことで、能久親王病没の時点では靖国神社での祭祀基準に合わないという問題があった。また神話の神々を主祭神とする神社のあり方からすると、同時代人である能久親王を祭神とする神社建立は、困難だった。

一八九六年の帝国議会に、能久親王を祭神とする官幣社を国費で創設するべきだという建議が出される。台湾で亡くなった皇族軍人を祀る神社を創建することにより「新皇土《しんおうど》万々歳安寧鎮護」(貴族院の建議)を確保しようという征服者の意思を表したものだった。

一九〇〇年七月、児玉源太郎第四代台湾総督は、台湾神社創建により「新附の人民を誘掖《ゆうえき》せば本島における施政の上に利益を蒙る固《もと》より大なるべく」と、台湾住民を教化する意図を明らかにしている(西郷内相宛「稟申《ひんしん》」)。

台湾神社は三つの点で新しい神社像を造った。第一は社格。皇族は、後醍醐天皇の皇子たちなど官幣中社に祀る例であったため、能久親王を祀る神社も官幣中社のはずであった。宮内省は次のような論理で、官幣大社がよいと答えている。従来官幣大社の祭神は、人皇では三帝（神武・応神・桓武天皇）、皇親では二人（神功《じんぐう》皇后・日本武尊《やまとたけるのみこと》）に限られているが、能久親王は日本武尊に匹敵するから官幣大社で構わない。この論理では、「西蕃」である熊襲《くまそ》を征服した日本武尊と同様に、征服の武神として能久親王が位置づけ直された。

第二は祭神。貴族院の建議では能久親王一人だったが、建議発議者の根岸武香《たけか》が一八九五年一一月、伊藤首相に提出した別の建議書では、大国魂神《おおくにたまのかみ》・大己貴神《おおなむちのかみ》・少彦名神《すくなびこなのかみ》の三神を主神に挙げている。これらは「開拓三神」と呼ばれ、近代になって再登場し、札幌神社の祭神となったものである。開拓三神を祀るということは、文明が野蛮・未開を啓蒙し、開発する、という意味であり、日本政府が日清戦争を位置づけた論理の表現であった。一九四二年末の段階で、台湾で建立されていた神社六八社のうち四二社（台湾神社を除く）が、台湾神社と同じ四柱を祭神としていたように広げられていった。これらは「総督官憲の指導と統制とが神社面まで及んだ結果」であり「必ずしも民衆の信仰の反映ではなかった」（小笠原省三『海外神社史』）。

図 4-2　北白川宮能久親王銅像．近衛師団司令部（現国立近代美術館工芸館）の前に置かれた（1903 年，新海竹太郎作，東京都北の丸公園内）．

第三は鎮座地。神社鎮座地の候補には、能久親王の上陸地基隆、没した台南という有力候補があったが、最終的に台北となったのは、台湾統治の「中央」に置き「台湾総鎮守」の意味を持たせたからである。台湾神社の創設・立地は、戦没した一皇族軍人を追悼するためというより、植民地台湾統治の見地から行われた政治的なものだった。

台湾経済の改編

台湾での産業は、一九世紀後半の清国台湾省時代に相当高度の商品経済を発展させる段階にまで至っていた。主な産業は、茶業・米作・糖業だったが、東西を流れる諸河川の急流を克服できない陸路の未整備ともあいまって、台湾島の北部(台北府)・中部(台湾府)・南部(台南府)に分かれて、厦門や福州との対岸貿易を行っていた。清代、食糧過剰の台南からは、台北ではなく、対岸の福建省に余剰食糧が運ばれ、食糧不足の台北は、福州から米を購入していた。台湾と対岸間には、一八九六年に入出港計八七六〇隻・一四万三七四三トンものジャンク(中国の帆船)が往来していた(『台湾日日新報』一九〇九年二月二八日)。

台湾総督府は、島内三市場圏を統一するため、南北縦貫鉄道の敷設を計画する。この台湾鉄道は、一八九九年台湾事業公債法によって支弁される一〇カ年二八八〇万円を財源とし、既設の線路(基隆―台北―新竹間一一〇キロ)を基礎として修復・増設していった。一九〇八年四月には基隆―高雄間三二〇キロが完成した。製糖工場、塩業、林業を目的とした軽便鉄道も一九四三年までに三〇二四・一キロが敷設される。南北縦貫鉄道と垂直に交わる東西の私設鉄道、さらに無数の道路・橋梁建設が結びつき、交通網が完成した。

台湾鉄道の完成は、台湾経済を一変させる。外国貿易よりも対内地貿易が決定的に大きくなり、外国貿易も対中国ではなく、対米国が主となった。先に挙げたジャンクの往来は漸減していき、日露戦後の一九〇八年には一四五四隻・五万五七八四トンにまで落ち込んでいた。鉄道が運んだ主要な産物は、日本本土に移出される砂糖・米・石炭・木材・肥料で五〇%を占め、鉄道運営を一九〇二年から黒字に転化させる主軸となる。米の生産は、一九〇二年の一六九万石から一九二五年の六四四万石へ三・八倍となった。一方、台湾への外米輸入は、同年比較で七万石から七三万石へ一〇倍となっている。これは、「島民がまず自己の消費を充足したる後の余剰を輸移出したる結果ではない」、「高価なる市場を求めて自己生産物を売り消費の不足は廉価なる輸移入品をもって補う」の商品経済の原則に従って動いているのであり、これにより台湾島民は「生活程度を向上し得べきはず」だが、そうはならない。「輸移出増加をもって直ちに住民の富裕の増進を断定するは甚だ危険である。不在資本家の多き植民地において殊に然り」。こう冷静に台湾経済を収奪する内地経済を認識していたのは、矢内原忠雄であった。

林業と帝国大学

日本の台湾支配下で、三大産業以外に新しく登場してきた分野として、林業がある。木材輸出から、樟脳《しょうのう》の素材としての楠《くすのき》に転化し、奥地まで入り込んで乱伐を進め、巨利を博した。その代表、鈴木商店は、台湾へ進出して樟脳取引で高利益をあげ、その資金で製糖業へと展開し、大里糖業所を設立した。

その後林業の中にもう一つ新分野が開かれる。国家の要請とそれに応えた帝国大学の事業、という官学一体の展開だった。「北大と東大は林学の先発で北海道に広い演習林がありましたが、京大と九大は後発でいまの外国の台湾、朝鮮、樺太に演習林がありました」と一九三四年に京大農学部に入学した四手井《しでい》綱英《つなひで》が回想している（森まゆみ『森の人 四手井綱英の九十年』）。一九〇九年京都帝国大学は、大学の基本財産林として台湾総督府から林地八万三八三四町歩（新高山付近）を移管され、一四年後の一九二三年に農学部を設置した際、その演習林とした（『京都大学百年史』）。「外地」に設けた京大演習林は、日露戦後に朝鮮（一九一二年設置、慶尚南道・全羅北道付近、一万七〇〇〇町歩）・樺太（一九一五年同、一万二六〇〇町歩）へと、戦争と共に広がっていった。台湾の演習林では、楠による樟脳材の研究と販売を行っていたが、一九三五年以降、南方の風土病であるマラリアの特効薬としてのキニーネを栽培する適地として、以後の南方侵出を支えるものとなった。キニーネの特産地は、オランダがおさえるジャワ島で、世界の九〇％以上を産出していた。そこに食い込むことが、京都大学農学部に与えられた国策であった。やがて南方派遣軍への供給源となり、台湾演習林財政の好転をもたらす。

3　膨張の逆流

漢文科廃止問題

近代日本において「漢字廃止問題」は、幕末の前島密《ひそか》以来しばしば提起される政治問題だった。日清戦争が日本の勝利で終わると、みたび漢字問題が登場する。

日本語ナショナリスト上田万年《かずとし》(帝国大学国語教室初代教授)が、講演「国語と国家と」を行ったのは、日清戦争の真っ最中、一八九四年一〇月八日のこと。上田は、「開闢《かいびゃく》以来比類のない支那征伐に、我等陸海軍が連戦連勝で、至《いた》る処《ところ》朝日の御旗御稜威《みいつ》に靡《なび》き従わぬ者はないのに、我が国の国語界文章界が、依然支那風の下にへたばり付いて居るとは情けない次第であります」と激烈な口調で漢字排斥論を説いている(『太陽』創刊号、一八九五年一月)。

文部省は一九〇〇年一二月、高等教育会議に、師範学校・中学校・高等女学校での「漢文及習字を削り国語中にて教授」する案を諮問した。新聞各紙は曖昧な立場をとったが、二松学舎や東亜同文会など漢学者たちは、翌年一月に漢学者大懇親会、二月漢学者同志会などを開催して、反対の声を強め、中等教育からの漢文科名削除案は廃案となる。

天皇家と宮内省はこのような動きに敏感に反応する。西欧文明の受容を維新期において果たしたが、中華文明から「国風」への転換はこの時期に図られていた。皇子女が誕生すると、毎日の湯浴みである「御湯殿《おゆどの》の儀」と、その最中に「読書鳴弦《とくしょめいげん》の儀」が行われる。平安期までの正式のものがその後簡略化され、一九〇二年五月制定の皇室誕生令では、七夜（命名の日）に一度だけ行う「浴湯《よくとう》の儀」と定められ、浴湯中鳴弦役が弦を鳴らして邪気を払い、読書役が漢籍を読むという儀式だけとなった。一八七九年八月三一日、明宮嘉仁《はるのみやよしひと》親王（のちの大正天皇）の誕生の際、ある新聞は平安時代の例を引き、漢籍として孝経・史記五帝本紀・礼記《らいき》中庸篇・毛詩大明篇などを挙げていた。皇室誕生令制定直後に誕生した淳宮雍仁《あつのみややすひと》（のちの秩父宮）の場合、孝経を読み上げたが、三年後の光宮宣仁《てるのみやのぶひと》（のちの高松宮）では「大日本史神武天皇紀の一節」を読み上げている（『大阪毎日新聞』一九〇五年一月一〇日）。日露戦争の最中に漢籍に替えて「国史」を採用し、建国神話の主人公をうたいあげることで皇子の将来と帝国の勝利を願うことになった。以後、今日に至るまで『日本書紀』等による「読書鳴弦の儀」が行われている。

日清戦争と「国語」の誕生

大槻《おおつき》文彦が、日本語の体系化をめざして、一八八九年から九一年にかけて日本語辞書『言海』全四冊を出版した時、「国語」なる熟語は採録されず、「日本語」で説明されていた。ところが、一八九七年に『広日本文典』全二冊を刊行した際には、世界各国の言語を「その国の国語」という、と「国語」用語と概念を示した。日清戦争のもたらした「国民」概念は、理念としての「国語」を生み出したのである。

「真に台湾を日本の体の一部分」とし「人の心の真底から台湾を同化する」目標を持って、

台湾人の教育に向かった伊沢修二(台湾総督府初代学務部長)は、「日本人化」させるには「精神を征服」することが重要だと考えた。そのため伊沢は、早くも完全平定以前の一八九五年七月、芝山巌《しざんがん》で郷紳《きょうしん》層子弟の日本語教育を開始し、翌年には成人・青少年別に日本語を教える国語伝習所を設立した。国語伝習所は九七年末までに一六カ所も設置される。伊沢は、国語教科書『台湾教科用書国民読本』を刊行し、徹底した表音的仮名遣い(助詞の「を」「は」を「お」「わ」と表記)を採用して、新規の外来語である日本語を、「皇国の音《おと》」から台湾人にわかりやすく教えようと努力を始めた。

伊沢の動きは、本国の教育政策に逆流する。一九〇〇年八月、文部省は小学校令施行規則を制定し、教科を整理した。この際「読書、作文、習字」の三科目を統合して教科「国語」が設けられた。同時に変体仮名を廃止し、仮名の字体を統一、仮名遣いを歴史的仮名遣い(いわゆる旧仮名遣い)から表音式へ、教育上の漢字数を一二〇〇字に制限するという大改革を断行した。また同年の「中学校教授要目」も国語教育は「口語と密接」であるべきとし、高山樗牛《ちょぎゅう》や坪内雄蔵(逍遙《しょうよう》)、正岡子規《まさおかしき》などの現代文をテキストとして採用している。わかりやすい日本語、というスローガンの下、近代日本語創出へ進み始めたのである。

一九〇〇年に文部省嘱託の国語調査会が設置され、一九〇二年三月には官制化されて国語調査委員会となった。調査方針には「国語の音韻組織を調査すること、方言を調査して標準語を

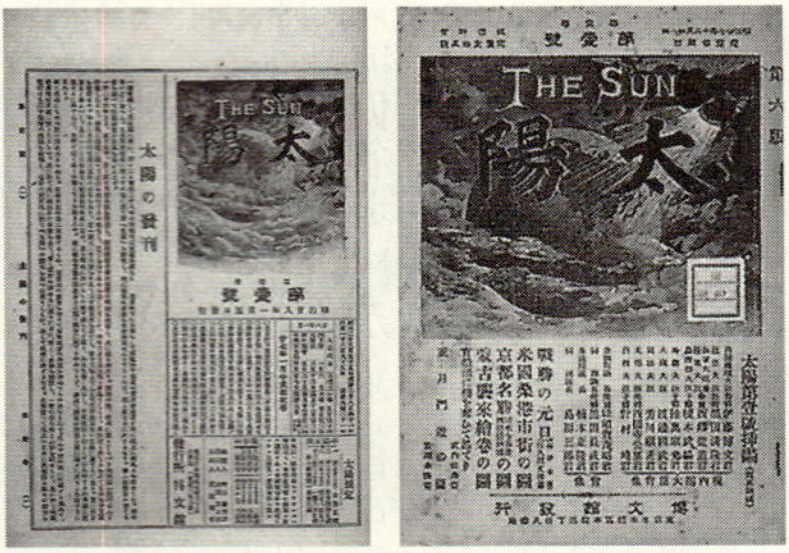

図 **4-3** 『太陽』創刊号(1895 年 1 月 5 日).明治期，最大の総合雑誌(創刊号は 6 刷 28 万 5000 部).博文館は同時に『少年世界』(児童向け総合雑誌),『文芸倶楽部』を創刊し，雑誌王国を築いた.

選定すること」とあり、一九〇四年から〇九年まで使用された第一期の小学校国定教科書第一巻(尋常科第一学年で使用)は語彙から始めず、東北方言などで発音が混乱する「イ」「エ」「ス」「シ」というカタカナ文字で始められた。このイエスシ読本は発音練習を提起する「音教材」であり、口語重視は明らかだった。現代の「日本語」製造への大きな波が、植民地台湾で「日本語」を教え広める課題を持ちつつ、日清戦後に動き始める。

文部省専門学務局長で国語調査委員会主事でもあった上田万年は、講演「国語研究に就て」において、「国語のミガキアゲに尽力し、かくして啻《ただ》に日本全国を通じての言語をつくり出す」(『太陽』創刊号)ことを当面の目標にしつつ、「朝鮮人となく米国人となく誰でも知らんでは成らぬ」「東洋全体の普通語」をめざす、と宣言していた。国語国字問題を議論する国語調査委員会は一九一三年まで続けられ、その議論は一貫して国語教育や新聞界に通奏低音として流れ続け、やがて一九四〇年代には「大東亜共栄圏語」追究の中の日本語簡易化論として姿を現す。

第5章　日清戦後と国民統合

「内地雑居風俗寿吾六」．条約改正により社会が一変し，国際化すると信じられた．西洋人とともに弁髪の中国人が数カ所描かれているように，豊富な欧米資本と低賃金の外国人労働者が流入すると危惧された（神戸市立博物館蔵）．

1 「戦後経営」の出発

日清戦後経営

一八九五(明治二八)年八月、松方正義蔵相は、「財政意見書」を提出し、日清戦争後の国家財政についてのプランを示し、「我国軍備の拡張は実に一日も緩にすべからず」と軍備拡張を必然のものと認めていた。計画は「明治二十九年以後において臨時大計画に属する歳出の増加は、第一陸軍拡張、第二海軍拡張、第三製鋼所、第四鉄道及電話拡張是《これ》なり」として、陸海軍の軍備拡張を第一・第二に置くものだった。第三の製鋼所も兵器や弾薬の自給をめざした鉄鋼生産を求めた軍需であった。

また鉄道についても、①官線鉄道の延長(現状は仙台から広島まで。北陸線や山陰線は未着手)、②北海道、③台湾縦貫鉄道であり、鉄道を利用した兵力の迅速な移動、というドイツ参謀本部のモルトケの愛弟子《まなでし》、メッケル直伝の戦略を実現することを求める計画で、この年四月に山県陸相が上奏した「軍備拡充意見書」の趣旨に沿ったものとなっていた。日清戦争により植民地を確保し帝国としての道を歩み始めた近代日本は、アジアの緊張を前に軍事力を準備する山県の考え方を採用し、新たな展開の根拠としていく。

この意見書は、伊藤首相の構想とも重なっていた。軍拡を第一とし、足場を産業育成と植民地経営におく、そのために国家財政を大動員する、という内容がいわゆる「戦後経営」と呼ばれるものの体系である。ただ松方構想は、実施財源に増税案を含み、そのための臨時議会召集も提案されていた。伊藤首相はそのまま受け入れることはできず、対立した松方蔵相は辞任し、後任に伊藤系の渡辺国武が復活した。伊藤首相は「戦後経営」実施を見通して、三月に蔵相を財政畑の実力者松方に替えていたので、松方辞任は政治的危機でもあった。

自由党の提携

乗り切る方法は自由党との提携である。自由党は、七月の代議士総会で、軍備拡張・実業奨励を掲げ、三国干渉による遼東半島還付責任を追及しない、と宣言していた。提携協議が進められ、一一月の自由党代議士総会では、板垣総理が「我党既に現内閣の諸公と至《し》誠《せい》相許《あいゆる》し肝胆相照《かんたんあいてら》すの今日」と内閣との蜜月状態を公然と演説し、「是《ここ》において我党は向来《こうらい》当路者とその針路を同くして進みこれと相提携してその国家の要務を処するに協翼」するとの提携「宣言」を満場一致で採択した。

日清戦後最初の議会、第九議会に提出された一八九六年度予算案は、前年度予算と比べて、軍事費で四三七〇万円増、勧業費・製鉄所設立・交通運輸機関・治水などで一一九〇万円増など大幅な積極予算案で、予算規模は戦前の二倍にもなった（歳出案一億五二五〇万円）。衆院予算委員会は一七二万円を削減したが、総額の一・一％にとどまり、自由党と伊藤内閣の提携が功を奏したことを示している。

五個師団増設には批判が強く、衆議院では自由主義経済論者田口卯吉《うきち》ら、貴族院では谷干城や曾我祐準ら元陸軍将官からも、軍拡は日本を「不自由な国」にするとして反対があったが、少数派だった。日清戦争の結果、軍事大国の道を進むというのが今や議会の多数を占めていた。

第九議会の開会中の一八九六年三月一日、対外硬派の運動を共同で展開してきた立憲改進党、田口卯吉らの帝国財政革新会、犬養毅らの中国進歩党などが合同して、進歩党を結成する。その「政綱」に、責任内閣完成・外交刷新国権拡張・財政整理などを掲げ、代議士総数一〇〇名となった。自由党(代議士一〇九名)と対抗できる大政党が出現したことになる。

「日清戦後経営」での産業育成は、軍拡を支える租税負担の増加を担うことが期待されていた。同時に、軍事的要求である製鋼所の設立や鉄道拡大は、「産業の米」として基幹的位置を占める鉄・鋼確保、物流の中軸としての陸送手段の充実という、経済界の要求をも満たすものであり、議会勢力も強く求めていた。

官業育成と奨励法

産業発展の方策は、①直接投資による官業経営、②間接投資による民間産業育成、の二つで実施された。①では、官営製鉄所の設立、官営鉄道の建設(一八九六年から一九〇三年に新線建設費七四〇〇万円、東海道線複線化費用二五〇〇万円、合計約一億円)、電信電話事業の拡大と、製鉄・交通・通信の分野に限定された。

②の一つが、一定の基準で補助金を与える奨励法制度である。東京商業会議所の建議などの

要求に応えたもので、欧米航路に就航できる大型鉄鋼船の造船と航路設定に対し、一八九六年三月に航海奨励法と造船奨励法を制定し、補助金を与えることにした。欧州航路、北米航路、豪州航路が定期便となる。インドのボンベイ航路開発により、綿花運賃を低下させ、紡績業の発展に寄与したように、遠洋航路の拡充は、日本の輸出入品に有利に働き、同時に日本郵船・大阪商船・東洋汽船など大手各社の海運収入を急増させる。一九〇一年には各社合計一七〇〇万円を超え、生産素材や機械の輸入で入超となる貿易構造を補う役割を果たしていく。

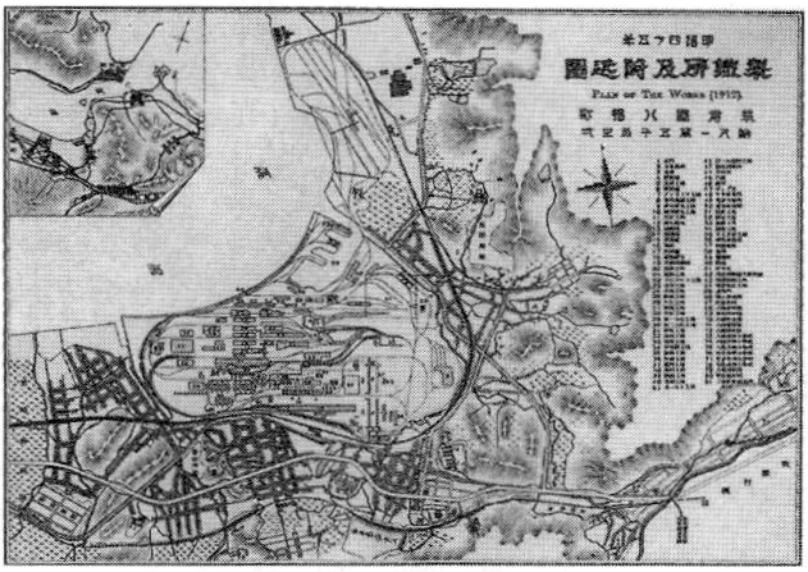

図 5-1　「製鉄所及附近図」(1912 年). 官営八幡製鉄所が設置されたことで，八幡村は工場と官舎の街と化し，都市化が進んだ. 1901 年に開業したが，生産が安定し黒字になるのは 1910 年.

銀兌換と輸出拡大

松方デフレの一八八〇年代以後一五年間、日本経済は順調に発展していた。特に一八八六年一月の日本銀行による銀兌《だ》換《かん》の開始が貿易拡大を促した。世界の金銀比価(金価格の対銀価格倍率)が、一八八〇年代後半から下落に転じ、九〇年代前半には暴落するという事情の中で、日本の銀為替相場も低落した(明治初年の金一に対し銀一六が、一八九四年には金一に対し銀三二)。連動して円安となり、輸出が急速に拡大し、一八八二年から一八九三年まで輸出超過(出超)がほぼ続く(一八九〇年のみ入超)。急速に景気が回復し、一八八六年頃から地方資金が私設鉄道に投下された鉄道ブームなど、いわゆる企業勃興期を迎えていた。産業の発展、生活必需品需要の増大などにより輸出入も大幅に伸びる。主力輸出商品は、生糸・銅・石炭・雑貨(花筵《はなむしろ》・陶磁器・扇子団扇など)であり、輸出増をテコにそれらの産業の設備投資が積極的に行われ、国内市場も獲得するという過程を経た。綿紡績会社が続々と設立され、九〇年代前半には綿糸が輸出品として大きな位置を占め、同時期に原料である綿花が輸入品の第一位を占める。

雑貨や食料工業(清酒・味噌・醤油)などの在来産業と、新来の近代工業が並立して発展していくという経過をたどる。この過程や、基幹産業である綿紡績業の生産と消費が自国市場と貿易構造を変えていく点は、日本だけでなくアジアに共通している。

ただこの時期の日本における貿易形態は、欧米人商館による間接貿易が圧倒的で、一八九七年にいたっても七〇%前後を占めていた。一八九九年の改正条約実施以降、日本人商会の動きが活発化するが、その競争相手は欧米人商会のほか、すでにアジアのネットワークを造りあげていた中国人商会でもあり、三者の競争が激化していく。

金本位制とアジア間貿易

一八九七年に日本が金本位制に移行した時、周囲には伝統的な銀利用圏が存在していた。金本位制への移行は、銀安=円安という輸出に有利な条件を自ら放棄することになる。移行時にその批判はあり、貨幣制度調査会の報告書自身、輸入減少・輸出増進のためには銀本位制が有利としていた（一八九五年七月）。

松方首相兼蔵相（第二次松方内閣）の強力な推進により、一八九七年一〇月に採用された金本位制は、金〇・七五グラム＝一円、二円＝一ドルという実勢に応じた水準で移行し固定化する。これは対欧米貿易の通貨実勢であり、対アジア貿易の通貨実勢でもあった。一八八〇年代から一九一〇年代にかけて、アジア間貿易が急速に発展し、同期間の輸出入合計額が対欧米四億三〇〇〇万ポンドに対し、対アジア二億八八〇〇万ポンドにまで成長する。拡大するアジア間貿易によってその域内の各国・植民地の生産構造や発展状況が変化するという経済環境は、産業革命下の新興国日本にとっても重視すべき条件であった。

金本位制下に入った円は、ポンドだけでなく、インドのルピーを始めとするアジアの通貨に対しても円安となるよう設定されていた。その結果、金本位制採用以後の中国綿市場で、インド綿に対して日本綿糸・綿布が有利な取引を進めている。一八九三年インドの銀貨自由鋳造禁止令と一八九七年日本の金本位制採用は、世紀末アジアにおける銀利用圏を崩壊させ、それらを欧米基準の金利用圏、世界経済に包摂させ、金融的従属も強めさせた。アジアに大きな変化をもたらしていき、「脱亜入欧」を強制する金融的契機となった。

軍備拡張

日英同盟の成立（第7章参照）により、仮想敵国をロシアとすることを了解した日本には、日清戦争以前とはまったく異なる軍備拡張が必要となった。海軍では、二〇ノット前後の速力を確保する大型機関、一三・五インチ（三四センチ）という大型主砲や速射砲を搭載する戦力構成が標準的となり、日露は建艦競争に入っていった。ロシアは、ペテルスブルグやセヴァストポールの海軍工廠《こうしょう》で一万トン級の戦艦を作る能力があったが、日本の横須賀と呉の海軍工廠では三級巡洋艦・砲艦・駆逐艦などの小型艦艇しか製造できず、主力艦はすべて外国製に依存していた（戦艦六隻はイギリス建造）。

日本海軍は、甲鉄戦艦六隻、巡洋艦、駆逐艦、水雷艇など計七四隻を新たに建造し、陸軍は日清戦争時の近衛＋六個師団という編成から、近衛＋一二個師団という編成へ倍化させ、騎兵二個旅団、要塞戦を想定して重砲を装備した砲兵二個旅団の新設、という計画である。

日本の軍拡は、欧米から高額な軍艦・兵器を購入することを意味した。ロシアもシベリア鉄道建設に、フランス建ての外債を利用する巨額の資金で、ドイツやヨーロッパの機械を購入し投下した。日清戦後のアジアにおける軍事的緊張は、貿易・金融面で、西欧・米国に対し日露という巨大な購買者を提供したという意味ももつ。これにより欧米は一八七三年以来の大不況をようやく脱し、ドイツ（一八九三年〜）、英国（一八九五年〜）、米国（一八九七年〜）と続々と好況を迎えることとなった。また日本が英国に大量注文した軍艦や大砲は、英国での同型艦の製造コストを下げ、実験開発費も日本の負担にできる、という効果も生んだ。日清戦争賠償金の四六％にあたる一七五三万ポンドがロンドンで海外支払基金として利用され、その大部分が海軍軍拡費となった。日清戦争の果実を最もよく味わったのは大英帝国であった。

国家財政の変化

また日清戦後の軍拡は、国家財政の劇的な構造的変化をもたらした。一般会計歳出では、第一議会から第六議会までの五年間(一八九一〜九五年)の平均八一六六万円が、日清戦後の第九議会から第一九議会までの九年間(一八九六〜一九〇四年)の平均二億四九一〇万円に三倍化した。日清戦争の戦費二億円という規模を戦後財政に引き継いだ形となった。同じ期間の一般会計歳入平均では、租税収入六七二九万円、経常収入八五六一万円が、租税収入一億二七二五万円、経常収入一億八六四五万円と倍化している。二倍という大増税は、酒税・地租・所得税・醤油税の引き上げ、登録税・営業税の新設によって強行された。なかでも酒税は、一八九五年の一七〇〇万円が一九〇〇年には五〇〇〇万円と三倍の増収となった。直接税の地租は、同期間に三八〇〇万円から四六〇〇万円になり、所得税も一〇〇万円が六〇〇万円に伸びただけだから、広く民衆から取る間接税の増税が大きな部分を占めていた。自由商品だった煙草も、国家直営の専売事業に移される。日清戦後の軍拡を柱とする歳出増は、直営の煙草、さらに酒税と営業税という間接税に頼らねばならなかった。

日清戦前には平均三九五万円の黒字であった国家財政は、日清戦後の九年間は平均六二四九万円という大赤字に転換してしまう。ほぼ日清戦前の平均租税収入分にあたる。これを補ったのは、国債と日清戦争賠償金である。後者から一般会計に繰り入れられたのは平均三四〇〇万円だから、赤字の五四%を賠償金が補ったことになる。未来の財源をあてにして発行する国債は、事業公債・台湾事業公債などの名目で募集され、五年間で平均四一〇〇万円の借り入れとなった。一八七〇年と七三年に合計三四〇万ポンド(鉄道と秩禄処分)の国債二件を例外として、外債非募債主義が貫かれてきたが、一八九八年には金融が逼迫《ひっぱく》状態となったため、国債公募も不可能となり、ついに外債発行に転換する。四分利付英貨公債一〇〇〇万ポンド(九七六三万円相当)の募集である。

民党の「地租軽減・民力休養」策は実現せず、政策的限界もあったが、綿密な予算査定に基づく政費節減を強制し、結果的に「小さな政府」をもたらした。初期議会期の歳出入ともに八〇〇〇万円台というのは、歴史上最初の公表予算である一八七三年度の五〇〇〇万円弱から二倍未満にとどまっていた。そうした国家のありようが、「初期議会」の終焉と日清戦争を契機に、大赤字の大型予算になり、増税・賠償金・国債の三点セットで支えられるようになる。日露戦争は、賠償金の代わりを外債で埋めて、借金財政にいっそう拍車を掛ける。

２　近代法体系

近代法体系の完成

日清戦後は、日本の近代的＝欧米法的構造が確立した時期である。日本近代における西欧的「法の継受」の完成である。主権者としての天皇制を中軸にした立憲国家という構造を、帝国憲法体制と呼ぶ。

補完する下位法は、日清戦後に一挙に日の目を見ることとなった。これらの法は、⑴上位法である民法・商法の制定をまたねば制定できない法（競売法、特許法、人事関係諸法など）、⑵産業の発展により必要とされた法（商業会議所関係法、農会法、治安関係法）、⑶条約改正実現により制定された法（検疫法、関税法）、⑷台湾領有に始まる植民地法、の四種類である。

⑴の例として国際結婚を取り上げよう。近代の国際結婚は、一八七三年三月の太政官布告第一〇三号で規定された。国際結婚には政府の許可が必要で、①外国人と結婚した女性は日本国籍を喪失、②日本人と結婚した外国人女性は日本国籍取得、③日本人の婿養子となった外国人は日本国籍取得、と身分行為による国籍の得喪《とくそう》を規定している。英国人ラフカディオ・ハーンが日本国籍を取得するのは③に基づく。一八九五年一二月の結婚の際、女戸主小泉セツ家の戸籍に入り、日本人小泉八雲となった。一八九九年に国籍法が制定されたのは、条約改正による

内地雑居が出てくるからだが、現在では廃止されている「身分行為による国籍得喪」が明記された。「家」制度を規定している民法という上位法の強制があったためである。

いずれにしろ近代日本の国家と社会、社会内部の諸関係などを規定する法的メカニズムを表現する厖大な単行法の基本が、この日清戦後の時期に集中的にまとめられるのであり、この時期を近代法体系の完成期と見ることができる(明治の年号から「三二体制」と呼ぶ論者もいる)。

防疫体制と国際関係

日本近代法体系が、ヨーロッパ法の継受であった事実は、外から押し寄せてくる伝染病を防ぐ体制づくりに典型的に現れている。日本の近代は、新しい病気と医療の近代でもあった。人とモノの移動は、病気も連れていく。風土病がその土地の特色ではなくなり、日本各地や全世界に広がっていく。コレラはしばしば一〇万人以上の患者を発生させる急性伝染病の代表だった。

こうした急性伝染病対策として重要なのは、入港する船舶と貨物、乗客の検疫で、日本政府は実施を求めるが、そのつど欧米諸国の反対に遭い、適用できない事態が続いた。ようやく一八八二年に二つの太政官布告、伝染病予防規則と「虎列刺《コレラ》病流行地方より来る船舶検証規則」が実施されるが、臨時の検疫実施しか諸外国は承認しなかった。

欧米各国は、常設の検疫制の有効性を認めないのではなかった。コレラ対策は、欧米においても課題だった。一八五一年以来、万国衛生会議が開かれ、コレラをヨーロッパに持ち込ませないための検疫制度を協議している。会議参加国もヨーロッパ一二カ国とトルコの参加で始まった第一回会議（パリ）以来、ヨーロッパと周辺諸国に限られていた。日本は、そのうち三回の会議に参加している。検疫をめぐっては国家間の対立があった。入国前に検疫実施を義務化する停船検疫案と、停船検疫を行わず入国後の検査を行う方法とが対立して主張された。前者は仏、伊、オーストリアなどであり、後者は英国や米国である。英国が停船検疫を不要とするのは、自由貿易主義と世界の貿易センターであるという経済事情と、公衆衛生改革が実を結んでいたという国内状況からだった。

一八九二年の第七回会議（ヴェニス）で国際衛生条約が成立し、停船検疫を最小限のものとし、流行地の政府が各国に通告する「流行地認定原則」が規定される。日本は一八九四年七月、日英通商航海条約の調印を始めとして条約改正に成功した結果、一八九九年に海港検疫法が制定される。しかし、この海港検疫法はザル法だった。「流行地認定原則」により、インドやタイでのコレラ発生を、英国の香港政庁その他が認定を宣言しない限り、日本は検疫を実施できず手遅れとなる事態が続いた。ヨーロッパ中心思想が顕著に現れた検疫問題は、この時期の国際秩序の真の形成者が誰であったのか、を明確に示している。

3 「戦後経営」の政治

松隈内閣と進歩党

第九議会閉会後、伊藤首相は内閣改造を行い、日清戦後経営をさらに進めようとしていた。一八九六年四月には自由党総理の板垣退助を内相に据え、板垣は二〇日内務省県治局長に自由党代議士三崎亀之助《みさきかめのすけ》を任命した。二人の就任は第九議会での内閣と自由党提携の産物である。五月の陸奥外相辞任と八月の渡辺蔵相辞意表明の際には、外相に進歩党の大隈重信、蔵相に松方正義を復帰させ、強力な内閣に再編しようと伊藤は計画した。大隈の入閣には板垣内相が反対し、松方の入閣も難航したため、伊藤は辞意を表明する。

元勲会議は、山県が固辞したため、松方の再任を上奏し、九月第二次松方内閣が誕生する。閣僚のうち、松方と同じ薩摩閥が三人(樺山、高島、西郷)、山県系が二人(野村靖、清浦奎吾《きようらけいご》)で伊藤系は入らなかったが、藩閥が支える構造にはなっていた。進歩党から事実上の党首である大隈を外相に、また閣僚ではないが閣議に参加する書記官長と法制局長官が加わり、進歩党が提携することになった。中心になった二人から松隈《しょうわい》内閣とも呼ばれる。

第一〇議会(一八九六年一二月開会)には、伊藤内閣が準備していた戦後経営を軸とする予算案がほぼそのまま議会に提案された。両院ともに原案を認め、可決した。谷干城、曾我祐準らは軍備拡張政策を縮小させ、民業援助を図るべきだと提案したが、否決された。日清戦後経営が軍拡偏重であり、産業の発展にとって問題があるという谷らの指摘は、衆議院の二大政党が軍拡を認めている中での重厚な反対論だった。

進歩党の協力で議会を乗り切った松方内閣は、一八九七年三月には大隈の担当する外務省と農商務省(榎本武揚農商務相は、足尾鉱毒事件の責任から三月辞任)の次官・局長ポストに進歩党幹部を登用した。以後も府県知事、各省の勅任参事官などに進歩党や協力会派の幹部を任命し、次の議会をにらんだ対策を進めた。進歩党が松隈内閣で積んだ行政経験が、翌年の隈板内閣の際、政策と官僚ポスト確保策の自由党系との相違となって現れる。

図 **5-2**　「車曳」．民党が人力車曳きになり，山県・伊藤・西郷(左から)を乗せている．自由党が伊藤内閣と提携したことを風刺している(田口米作画，『団団珍聞』1895年9月)．

第一一議会にかけるべき一八九八年度予算案は、国債募集が危ぶまれ、増税を提案しなければ戦後経営の計画が進まない事態が予想された。松方らは地租を含む増税を考え始めたが、進歩党は、行財政整理を先行させるべきだという意見を松方首相に突きつけた。松方首相がこれを拒否すると、進歩党は、松方内閣との提携断絶を決議し、松方も、尾崎行雄外務省参事官ら進歩党から入っていた高級官僚を罷免した。次いで大隈外相兼農商務相も辞任する。

薩派の樺山内相は、自由党との提携を模索し交渉したが、自由党常議員会の拒否にあう。松方内閣が、財政難から増税を予定、という報道は、財界にも影響を与え、渋沢栄一第一銀行頭取や益田孝、中野武営《ぶえい》ら有力財界人、全国商業会議所連合会などの財政計画批判が始まっていた。一二月、自由党大会は、議会開会劈頭に内閣不信任案を提出することを、八五対四〇で決議した。国民協会も政府との対決を決定する。松方内閣は追いつめられていた。

第一一議会(一八九七年一二月開会)では、自由党が予定通り内閣不信任案を提出すると、松方内閣は直ちに衆議院を解散した。同日、松方首相と閣僚は総辞職する。

第三次伊藤内閣と地租増徴案

後継首班について、黒田清隆枢密院議長が、伊藤か山県、と上奏したため、天皇は伊藤に組閣を命じる。伊藤は、大隈と板垣に協力を求めたが、彼らの大臣ポストについて合意できず諦める。政党提携に失敗した伊藤が依拠できるのは、藩閥勢力しか残されていなかった。一八九八年一月、組閣をめぐる御前会議が開かれ、元勲全員が伊藤内閣に協力することを決める。第三次伊藤内閣は、長州・薩摩の協力を得た上に、伊藤系官僚の西園寺《さいおんじ》公望《きんもち》・伊東巳代治・末松謙澄《すえまつけんちょう》を加えた藩閥内閣として成立した。

三月一五日に第五回総選挙が実施される。進歩党、自由党ともに地租増徴反対を掲げたため大きな争点はなく、「大抵皆平穏無事に行われた」(『東京日日新聞』三月一五日)と見なされた。自由党、進歩党ともに一〇〇名前後を確保したが、過半数どころか三分の一を確実に超えた政党もなく、議会対策は非常に複雑で不安定になった。

第一二特別議会(五月一九日開会)開院式の勅語は「財政の基礎を鞏固《きょうこ》にするために、国務大臣に命じ、租税増加の経画《けいかく》を定めしめ（中略）議会の議に付せしむ」と増税案の審議を求めた。伊藤内閣は、地租・所得税・酒税等で三〇〇〇万円の増税を行い、戦後経営に充てる計画だった。とくに地租は、地価の二・五%という現行から三・七%へと、一・四八倍させる大増税であった。地租増徴反対派は、翌年度の歳出案が未定(年末の第一三通常議会で審議予定)のまま増税を決めるのは非立憲的だ、と主張し、衆議院予算委員会は地租増徴法案を否決する。伊藤内閣は、会期の一週間延長で可決を目論むが好転せず、さらに三日間議会停会をも命じる。

軍拡を軸とする戦後経営政策には、第一〇議会での谷干城・曾我祐準らの反対意見に見られるように、不安と疑問があった。しかし、もう一つの柱である産業育成については、経済界に支持が広がっていた。地租を増徴して金融逼迫状態にある経済界を救済せよという要求は、全国商業会議所連合会でも決議されていた。地主層では、地租増徴に対する態度が分裂し始めた。鉄道や銀行に投資する地主層は、経済界救済にも期待を持った。地租の算定基準は地価だが、東北・北陸地方の地価を上方修正、近畿・中国地方の地価を下方修正するのであれば地租増徴に応じるという地価修正運動が、実質的な地租軽減につながる近畿地方を中心に広がっていた。

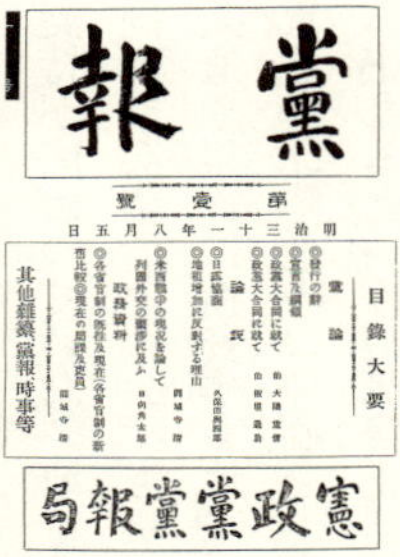

図5-3 『憲政党党報』創刊号(1898年8月).

休会明けの衆議院では、地価修正派が地価修正建議案の先決動議を出したが敗れ、次いで提案された地租増徴法案は圧倒的多数で否決された。伊藤内閣はただちに衆議院を解散とする。

新政党の結成

地租増徴案を共同で葬り、藩閥内閣を拒否した自由党と進歩党の中には、政党内閣の実現が可能だとして、政党合同の機運が出てきた。「在野党大合同」は六月一五日、「宣言」と綱領を発表した。「宣言」は、議会が始まって一〇年、解散総選挙は五回を数えるが、民党は「地租軽減・民力休養」という重要政策を実現できず、力量も大きくならない。これは藩閥の力が強いためで、これでは国勢も伸びない。両党は合同して憲政党を結成し、政党内閣を実現して「憲政の完成」をめざす、と藩閥勢力への対決を明確にしたものだった。二二日の結党は「政党ありてより以来、かくのごとく目覚ましき光景はあらじ」(『東京朝日新聞』六月二二日)と、第一議会以来の分裂・対立を経ての合同は感動的に迎えられたが、対立していた二つの政党が一体化した政党として成熟するためには時間が不足していた。

伊藤博文たちも、「政党に対するに政党をもってする」(『国民』六月一五日)方向へと大きく舵を切りつつあった。国民協会、地価修正派、渋沢栄一ら実業家を結集して、増税断行・地価修正・軍備拡張・参政権拡張などを掲げる新政党計画が進められた(『東京日日』六月一六日)。大合同の憲政党に地価修正派が加わること、さらに伊藤が党首となり組閣すると「政党内閣に端《たん》を啓《ひら》くもの」(『国民』六月二七日)だとして、山県たちが反対に転じたこと、などが要因となって、伊藤らの計画は挫折する。

予算の協賛権を持つ議会の主導権を握るため「政府党」を作りたいが、藩閥のリーダーが自ら党首となると超然主義を標榜してきたこれまでの主義主張に反することになるというジレンマから、計画は破産したのである。憲法は、内閣の組織方法を規定せず、天皇の信任と輔弼《ほひつ》のみを記していた(第五五条)のだが、山県たち藩閥は「帝国の国体に悖《もと》り、帝国憲法の精神に悖《はい》戻《れい》するの甚だしきもの」(『明治天皇紀』九)という憲法の明文を超えた超論理的精神主義的なものを述べるだけである。「政党内閣」拒否は、今や藩閥の論理でしかなかった。「政府党」の組織化ができず、「在野党」が大合同するという状況では、伊藤内閣は総辞職しかなかった。

最初の政党内閣誕生

憲政党の結成により議会に大きな勢力ができるのを見ては、誰も後継首班を引き受けない。元勲会議では、結局、憲政党の大隈と板垣を推薦するしかなかった。天皇は「卿等《けいら》二人力を協《あわ》せて内閣を組織し、国家のため尽力すべし」(『明治天皇紀』九)と大隈と板垣に命じた。六月三〇日大隈内閣が成立する。陸軍・海軍大臣以外の全閣僚が憲政党員で、憲政史上最初の政党内閣であった。大隈・板垣により、隈板《わいはん》内閣ともいう。

六月二二日憲政党結党、二四日伊藤内閣総辞職、二七日大隈・板垣に組閣勅命、という極めて早いテンポで、初の政党内閣へと昇っていった。目撃者の一人、三宅雪嶺《みやけせつれい》は「民党は狂喜して手の舞い足の踏みをしらず」(『同時代史』三)と記し、新聞も「恰《あたか》も盆と師走と正月とが一時に到来したるが如き」(『東京朝日新聞』六月二八日)様子だと祝意を述べる。

しかし隈板内閣の前途には難問が待っていた。大きな問題は、天皇の指示の内容である。桂太郎陸相と西郷従道海相は辞職の意向だったが、天皇の勅命で残留となった。大隈・板垣への組閣勅命には「但し陸海軍両省は朕別に考あるをもって、組織外に置くべし」とあり、内閣外と考えろ、という勅命は、内閣のあり方について天皇が新たに指示したことを意味している。一部の閣僚の去就についてあらかじめ勅命を下すのは前例もなく、慣習から逸脱していた。

二四日、伊藤の辞表提出後に、山県が陸軍・海軍大臣ポストを確保して、政党内閣に揺さぶりを掛ける方針をたて、西郷・桂の留任を上奏したのではないか。実は、この時点では両ポストに軍人しか就けないという規定は何もなく(現役・予備役を問わず)、大隈の周辺には、頭山満《とうやまみつる》や旧進歩党の平岡浩太郎らを充てる意見もあった(『同時代史』三)。それを阻止したのは、二七日の勅命による指示であり、勅命を求めたのは山県の上奏だった(『明治天皇紀』九)。天皇と山県を背後に持つ桂は、組閣発表前に大隈と会見し、進歩党従来の方針である軍縮ではなく、必要な軍備充実は実行する、という約束を取っている。桂の硬直した態度は、誕生したばかりの政党内閣の手を縛り、動揺させる可能性があった。

さて、第六回総選挙は八月一〇日に実施された。憲政党は二五三議席となり、予想通り議席の八〇％以上を占めて圧勝した(『東京朝日新聞』八月一五日)。勝利の背景には、大政党の成立と政党内閣の誕生を見て、全国の府県会・市会議員が続々と入党したことがあった。憲政党結成は、政党の基盤を大きく拡大していた。憲政党代議士らは、政党内閣を武器に、高級官僚ポストを要求し、就任した。一〇月末までにその数は四九名にもなる(大臣級九名を除く)。

これは「政党内閣の猟官主義」として批判されたが、憲政党系が確保したポストの多くは政党内閣に仕えることを嫌い辞職した空きポストで、純粋な更迭は少数だった。世に言う「政党内閣の猟官主義」は表面的な見方である。また進歩党系は、政党内閣であるから、行政権にまで浸透すべきだ、という論理から、省内の意志決定に携わる次官や参事官を押さえ、自由党系は党勢拡大を求めて知事など地方官を重点的に押さえた。政党内閣存続を前提とした官僚体制造りが憲政党の狙いだった。尾崎行雄文相らが推進力となり、行政整理をめざした臨時政務調査委員会が設置され、板垣内相を委員長として猛烈な審議を進める。九月三日可決された改革案は、各省に勅任参与官をおき、すべての局長を自由任用とした。これが実現すれば、行政府へ政党内閣が構造的に介入でき、政党の基盤は一挙に強まる一方、官等歴階という年功序列で保たれてきた官僚秩序は崩壊する。行政府に依拠する山県たちの危機感は募った。

共和演説と内閣崩壊

憲政党の対立は外からもたらされる。総選挙の一〇日後、尾崎行雄文相（旧進歩党系）が帝国教育会で行った演説である。拝金主義を批判し、例として「日本においては共和政体を行う気遣はない、たとえ千万年を経るも共和政体を行うという事はないが、説明便利のために日本に仮に共和政治ありという夢を見たと仮定せられよ、恐らく三井三菱は大統領の候補者になるであろう」（『読売新聞』八月二二日）と尾崎は演説した。

慎重な説明だったが、反対派はこの演説に飛びついた。急先鋒は、伊東巳代治が社長を務める『東京日日新聞』で、翌二二日には演説中の「共和政治」を「これ不祥不敬の太甚《はなはだ》しきもの」「一日もこれを輔弼の重任に居らしむべからず」と烈しく攻撃した。清浦奎吾貴族院議員らも一斉に同調して攻撃した。天皇も動く。報道の三日後には徳大寺実則《さねのり》侍従長に、尾崎の演説草稿を求めさせており、一〇月二一日に至り板垣内相が尾崎文相を弾劾したことで、最終判断を固めた。翌日天皇は、尾崎不信任、辞職させるべきだとの内意を大隈首相に伝えさせた。

天皇は、当初から政党内閣出現に落胆し、松方に、元勲も「思いの外無力」（『明治天皇紀』九）と愚痴をこぼして憂いていた。天皇は、憲政党内閣の存続に一貫して手を貸そうとはしなかった。七月中旬憲政党幹部が、政党内閣に好意的な公爵近衛《このえ》篤麿《あつまろ》を大隈・板垣の「楔子《せっし》」とし、さらに山県系とも架橋させようと、閣僚としての法制局長官ポストの新規定と近衛の就任を計画し、大隈から上奏した際、天皇は時期尚早と拒否した。同じ頃天皇は、内閣の不統制、憲政党内の対立、尾崎文相や文部省行政への不安、猟官の不当などを佐佐木高行に洩らし、将来も「まず困難なるべきか」との判断を述べている（『明治天皇紀』九）。尾崎辞任は、天皇も山県系も待っていた事件だった。

尾崎文相の後任には同じ進歩党系の犬養毅が挙げられ、そのことが紛議となった。旧自由党系は犬養任命に反対したが、天皇は大隈首相の上奏に従い、親任式を行った。藩閥勢力は桂陸相と西郷海相の辞表を提出させ、大隈内閣を揺さぶった。次いで板垣内相、松田正久蔵相、林有造《ゆうぞう》逓相も辞表を提出し、大隈内閣から離脱して同調した。旧自由党系代議士らは憲政党協議会を開き、憲政党の解党と新しい「憲政党」の結党式を強行した。分裂の主導者は実力者星《ほし》亨《とおる》で、膨れあがった大「憲政党」を造り出すことになった「蛮勇的策士」（『日本』一一月五日）とも評される指導力は、以後の憲政党を牽引し、やがて政友会へと導いていく。

三〇日、大隈首相も辞表を提出し、日本最初の政党内閣は、議会を迎えることもなくわずか四カ月で崩壊した。天皇、藩閥（伊藤系も含め）、離反した旧自由党に包囲されるという四面楚歌の中で「毒殺」（『大隈侯八十五年史』）されたのである。排除された旧進歩党系勢力は、解党も新憲政党も認めず、憲政党を名乗り続けようとしたが、板垣内相から集会及政社法第二九条による解散を命じられ、一一月三日、憲政本党として結党式を行った。

第二次山県内閣と官僚制、軍部大臣

山県、井上、黒田、松方の元勲会議は、山県を大隈の後継首班として推薦した。伊藤は、清国からの帰国途上で、協議から排除された。集まった元勲たちは政党内閣反対を共通項としていた。一八九八年一一月八日誕生した第二次山県内閣には、元勲級が長州(山県)、薩摩(西郷、松方)と三人も入り、その他も薩長藩閥で、芳川顕正逓相、青木周蔵外相、清浦法相も山県系といわれる官僚だった。

薩長藩閥内閣もまた政党と提携して、予算の通過を図らねばならない。「超然主義」は採用できず、憲政党と提携することになった。憲政党代議士総会は「現内閣は我党の意見を容《い》れ、我党の賛助に依ることを表明したるにより、我党はこれと提携」するとの決議を満場一致で採択する。鉄道国有、選挙権拡張など憲政党の積極政策は実現の可能性が大きくなった。憲政本党系の高級官僚は一掃され、憲政党系の知事五名と内務省警保局長が残留となる。

第一三議会(一八九八年一二月開会)での最も大きな焦点は、予算案と地租増徴案などの増税案である。軍拡を柱とする戦後経営策は、不況で公債募集が成立しなくなり、頼みとするものは日清戦争賠償金以外に租税しかなくなっていた。一八九九年度予算案は、歳入一億八八七〇万円、歳出二億二六三〇万円で差引三七六〇万円が歳入不足となるもので、その分を地租・酒造税・所得税・登録税・印紙税などの増税と、噸《トン》税・煙草専売収入などの新設によって補う案も同時に提案した。中心となる地租は、地価の二・五%を四%へと六〇%増税する案となり、

第二次松方内閣も第三次伊藤内閣も可決させられなかった難題である。

反山県系貴族院議員の谷干城・三浦梧楼《ごろう》・曾我祐準や憲政本党の大隈重信らの呼びかけによる地租増徴反対運動も盛り上がり、憲政党代議士も動揺を見せ始めた。板垣の増徴やむなし論に支えられた星亨は、増税率の低減（三・三％に）、増税五年限定、田畑地価修正などの譲歩を取り付け、国民協会や無所属議員の会派・日吉倶楽部の協力を得て、地租増徴案を可決させた。貴族院も可決し、ここに第一議会以来の懸案が解決することになった。

府県制と郡制の改正案は成立した。一八九〇年に公布された両法は、郡会は町村議員が、府県会は郡会と市会の議員が選ぶ複選制をとっていたが、改正により有権者の直接選挙となり、国民の政治的権利は広がった（選挙権は国税三円以上、被選挙権は同一〇円以上の納入者）。

議会乗り切りのためには政党と提携するが、立法府を握る政党が行政府に侵入するのを阻止しなければならない。山県のこの考えは、「猟官」でポストを奪われると危惧した官僚たちに支持された。その対策は、①文官任用令を改正し、試験による資格任用を勅任官（各省局長クラス）まで引き上げ、官僚の身分保障として文官懲戒令・文官分限令を制定、②内閣官制、官吏の服務・懲戒・任用・試験・分限などの勅令はすべて枢密院諮詢とする、③陸軍・海軍大臣の任用資格を、現役武官（大将か中将）に限定、④議員歳費の増加、である。④は猟官熱を冷まさせる意味があった。③は、任用資格について無規定であったことに気が付いた山県が、制度的保障として考えついたことである。勅令第一九三号(海軍は第一九四号)「陸軍(海軍)省官制」の附表「陸軍(海軍)省職員表」に「大臣　大中将」と明記し、「備考」に「一、陸軍大臣(海軍大臣)及総務長官に任ぜらるるものは現役将官を以てす」と記すだけで、「軍部大臣現役武官制」が成立した。この改定は議会の審議にかける必要はないが、官制については枢密院の諮詢にかけるとした新規定②も守ることなく、公布実施された。

文官任用令改正に最も反対したのは、実は伊藤博文だった。政党内閣を展望する伊藤は、政党人の大臣を補佐する政務官を置くために自由任用が不可欠と考えており(護憲三派内閣が「政務次官」として実現)、ここでも山県と伊藤は大きく異なる判断をするようになっていた。

4　国民統合の進展

郷土聯隊と在郷軍人会

日清戦後、師団増設が計画される。一八九六年に陸軍省は、平時七個師団を一挙に平時一三個師団(平時一六万人、戦時五四万人)にまで拡大する計画をたてた。これに基づき、第七(旭川)、第八(弘前)、第九(金沢)、第一〇(姫路)、第一一(善通寺)、第一二(久留米)の六個師団が増設された。歩兵聯隊《れんたい》数は四八個(別に東京駐屯の近衛師団=四個聯隊)となり、ほぼ一道三府四三県の数と一致する。この軍拡で各道府県に一個の歩兵聯隊（平時三〇〇〇人）を置くことが可能になり、県庁所在地かその周辺に聯隊の兵営が設けられた。例外は沖縄県で、アジア・太平洋戦争末期になるまで聯隊以上の部隊は置かなかった。

職業軍人の将校は転勤制があり、出身地とは異なる部隊配属が多いが、徴兵される兵士は、聯隊区という徴募の区割りで入営聯隊が決められた。聯隊区は何度も改編されたが、四八個歩兵聯隊体制になった時、行政区画と重なることになった。こうした聯隊を「郷土聯隊」と呼び、人々の親近感を増すよう宣伝された。青年たちは、国家試験ともいえる徴兵検査で合格とされる「甲種」には憧れたが、三年間（陸軍。一九二七年の兵役法で二年間に改正。青年訓練所修了者は一年半。海軍は四年で、兵役法で三年に短縮）の入営は忌避し、入営する現役兵を選ぶ抽選には外れることを望んだ。そのため「籤逃《くじのが》れ」に強いとされる神社が各地にあった。

日清戦後、地域の軍事援護はいっそう強化された。地域の名望家層による団体として尚武会や軍人後援会、報公会などの結成は全国で見られるようになった。日清戦争による徴兵と入営を尚武会などが賑やかに送り出す風潮は、戦後になってもおさまらず、入営の歓送迎行事はいっそう派手になり、徴兵事務を遂行する聯隊区司令官が、抑制を要請する文書を市町村長宛に出す例も多くなっていった。一九〇二年、新潟県柏崎聯隊区司令官は、「何十発」もの花火やアーチ、赤い雪洞《ぼんぼり》など、あたかも祭りのような状況がうまれ、「富豪家の子弟」と「貧者の子弟」に差がうまれ、「中流以下の資産を有するものは冗費のためかえって兵役を嫌悪するに至るものあり」と大きな弊害となっている、と警告した(『上越市史』)。「国民の義務」としての兵役に不平等さが現れ、忌避されることはなんとしても避けなければならなかった。

一八七二年の徴兵令以後三年間の現役兵教育を受け、地域に戻り、予備役・後備役になった元兵士を組織する在郷軍人会も各地に作られていった。各地の在郷軍人会は、日露戦後の一九一〇年に帝国在郷軍人会として統一され、半官製団体となる。江戸時代以来の若衆宿《わかしゅやど》などが排除されていき、青年たちを規律で教育するために、村長や小学校長が指導する青年会や青年団も組織化が進んでいった。青年団員の中から現役兵として入営し、退営後は在郷軍人会に入るというコースが定着すると、二つの団体は共同して運動会や総会、講演会などを催し、一体感を深めていった。多くの在郷軍人会の活動内容に「第一条　有為青年の心身を訓練し以て後進軍人を誘導するを目的とす」(兵庫県有馬郡在郷軍人会会則、宝田馬蔵編『兵談集』第四編、一九〇二年)と掲げられ、積極的に事前軍隊教育が行われた。

こうして青年の徴兵義務遂行を監視するシステムも整備されていったが、徴兵逃れも企てられ、重罪をも厭わない青年も数多くいた。『日本帝国統計年鑑』によれば、各年三〇〇〇人から六〇〇〇人が徴兵失踪・逃亡者とされ、一八八二年から一八九六年までの一五年間に累計七万四八八〇人にものぼっている。一八九七年以後の状況は公表されないが、一九〇二年一一月寺内正毅《まさたけ》陸相は、道府県宛に「徴兵失踪者捜索等の件」を発し、「徴兵適齢の壮丁《そうてい》にして所在不明のためいまだ徴兵上の処分を受けざる者比年累加してその数約七万に達せり、今仮にこれを一箇年の壮丁全数に比較するときはその八分一強の多きを占むる」と嘆いている。寺内は、うち五万一〇〇〇人を警察を挙げて捜索させたが、三・三%の一七〇〇人しか所在を確認できなかったとも告げている。毎年の徴兵所在不明者は一九一〇年代の二〇〇〇人台から一九三〇年代の一〇〇〇人台へ漸減しているが、止むことはなかった。

地方支配の構造

一八八九年四月一日、「市制町村制」が施行され、人口四〇〇〇万人、戸数七八〇万戸の国に、三一の市と一二八四の町、一万三七七三の村が生まれた（年内に三九市）。「市制町村制」は、市町村内の限られた住民が、いわば選ばれた人々として自治を担うことを求めた。限られた住民の条件は、その地域に住み、市町村税を納める成年男子で、市町村「公民」と呼ばれる。「公民」は、市制町村制施行時で四〇六万人、人口の一〇%でしかなかった。市会・町会・村会の合計は一万四〇〇〇、議員数は一五万八〇〇〇名で、地元に昔から住み、財産もある名望家と呼ばれる人々だった。町長と村長は、町会議員・村会議員から互選され、町村会の議長を兼ねる。いわば行政権と立法権の両方を握る絶大な権力者となる。大日本帝国憲法体制の下での地方支配の構造は、政府や道府県が上から統御することを基本としていたが、参加する名望家層を「自治」の名義で統合する機能を果たした。

町村税を少ししか納めない人々に町村会を握らせないために設けられたのが、等級選挙制である。有権者を納税順に並べ、全体の半分を納税している人々を上から一級と二級と分けた。例えば、二〇〇〇人の村で、公民は二〇〇人、一級選挙権者は四〇人、二級選挙権者は一六〇人。一級も二級も選ぶ議員数は同じ六人。投票率一〇〇%でも、一級では七票で、二級でも二七票で当選となる。任期六年で、三年ごとの半数改選だから、必要な得票の数は上がるが、名望家の合議はより有効となる。だが、名望家と見なされている土着の資産家たちも、町村の行政運営には苦労が多く、しばしば村長や助役の交代が行われた。

より困難だったのは市政である。市会議員は三級制で選出され、一級の有権者はより少なくなり、寡占的な支配が可能となる。一八八九年の横浜市の場合、人口一二万人、市の公民六九八人、有権者は一級一三人、二級八四人、三級六〇一人で市会議員定数は三六名、第一回選挙では各級一二名ずつの議員を選ぶことになる。

公的代表選出システムについて、山県や井上毅らは、プロシアなどを参考にして、有産者優遇選出システムを編み出した。選挙法には四つの条件が盛り込まれ、①制限選挙権(納税資格)、②等級選挙(納税額別集団で選出)、③半数改選(全数改選より変動が少ない)、④立候補制がない、とした。衆議院・貴族院議員(一部)は①と④、府県会議員(一八七八年の府県会規則、一八九九年の改正府県制の場合)と商工会議所議員は①③④、市会・町村会議員は①から④のすべて、というように少しずつ異なるが、いずれもひとたび選出された議員や体制は覆しにくいシステムであった。山県内相の下で準備された「市制町村制」の「理由」は、②の採用について「この選挙法に依てもって細民の多数に制せらるるの弊を妨《さまた》ぐに足るべきをもってなり」とあからさまに述べている。名望家層も、これに応えて、有権者のみの有志団体（予選団体と総称する）を結成し、事前に候補者を調整し、新聞等に発表することで④の条件を補っていた。①から④の制度を予選団体によって補完するシステムを「予選体制」と呼ぶことができる。

資産家・名望家の意志が強く働く市会議員選挙だが、市長と助役の選出方法は、町村の場合とはまったく異なった。市会が三人の候補を選び、府県知事を通して内務大臣に報告し、内務大臣が任命するという方式で、市長・助役は市の公民でなくてもよく、有能な人物を選ぶことが可能で、市政の専門性に配慮した選出方法だった。多くの市では、有能な「よそ者」をスカウトし、土着の市会議員が、利権を確保する手段とすることが広がっていった。

立憲政友会結成

一八九九年は欧米諸国との関係が一変する。七月に改正条約が施行されて、治外法権が撤廃され、輸出振興をねらって輸出税が全廃された。清国との関係では、四月、官営八幡製鉄所が清国の大冶《ターイエ》鉄山の鉄鉱石を優先買い入れする契約を結び、八幡の発展条件を確保するとともに、福州に日本専管居留地設置の日清取極書に調印し、清国南部への利権拡大の足がかりを確保して、日清戦争以後も政治的経済的侵出を続けていた。

第一四議会（一八九九年一一月開会）では、前議会で成立した増税案を前提に一九〇〇年度予算案が提出され、ほぼ原案通りで両院を通過した。衆議院議員選挙法改正が再び提案され、直接国税一〇円以上に選挙権を拡大、大選挙区、投票は単記無記名、三万人以上の市を独立選挙区に、議員数三六九名、などで合意し成立した。

五月憲政党は、山県内閣に、閣僚の入党か憲政党員の入閣か、を求めたが拒否され、内閣との断絶を宣言する。次の提携先として選んだのが、伊藤博文だった。憲政党の星亨は、従来の民党路線にいよいよ決別すべき時が来たと感じていた。減税による民力休養、という時期は過ぎ、支持者の地主層、資本家層には、政府主導による経済発展という夢が必要だった。星ら憲政党総務は伊藤を訪ね、党首就任を要請したが、伊藤は拒み、逆に新党の組織化を示唆した。

一九〇〇年八月二五日、伊藤博文がまず「立憲政友会趣旨書」を発表した。このような内容の「新政党」を考えているから、同意の諸君は集まれ、という意味である。憲政党はこれに応え、解党して、九月一五日の立憲政友会結成式に個人として参加した。

『萬朝報』の決意

藩閥政治と闘ってきた自由党の歴史がうち消され、自ら解党し、元勲の前に膝を屈したのだ、と考えた幸徳《こうとく》伝次郎(秋水)は、『萬朝報《よろずちょうほう》』八月三〇日号に社説「自由党を弔《まつ》る文」を執筆した。自由党の弾圧の歴史を回顧し「嗚呼《ああ》自由党死す」と強く批判した。文末で「汝自由党もし霊あらば髣髴乎《ほうふつこ》として来り饗《う》けよ」と述べているように、この文章は明らかに自由党への弔文であるが、後半で「吾人は独り朝報の孤塁に拠って尚お自由平等文明進歩のために奮闘しつつあることを」とあるのは、幸徳の戦闘宣言でもある。「自由党を弔る文」は、元勲・政党一体となった権力体制への決別と戦いへの鐘でもあり、『萬朝報』の新方針ともなった。創刊当初の連載「弊風一斑蓄妾《ちくしょう》の実例」は、政治家・財界人・軍人・医師・教師などの私生活を暴露し、民衆に痛快と憂さ晴らしを与えるものではあった。それを「社会的腐敗」と捉え、自ら改革の先頭に立つ、という方針に大きく変わるのは一九〇一年七月の「理想団」結成以後である(次章参照)。

政友会批判の開始

転換点が、一九〇〇年から翌年にかけての政友会批判だった。標的は政友会が握る地方政治である。憲政党一一七人(うち四名が不参加)がほとんど参加した政友会は、無所属議員一九名、憲政本党九名、帝国党四名などを加え、帝国議会の過半数を握る一五五人の大政党となっていた。選挙区定数の全部を政友会で押さえたのは五県(一四名)で、過半数を押さえたのは、大阪府・愛知県など一八府県(七九名)にのぼった。以上の二三府県が、政友会の地盤の強い選挙区だった。地方に強い憲政党であるが、六大都市のある東京府・神奈川県・京都府・兵庫県では憲政本党と競い合っていた。

東京市の市長は、政友会が握っていた。松田秀雄は、一八九八年一〇月一日に施行された市制特例撤廃による東京市初代の専任市長で、立憲政友会創立とともに入党していた。政友会には大都市の市長と市参事会(市政の執行部)を握ることで、政治力を高め地盤を強めるという戦略があった。星亨は、一八九九年に東京市会議員(麹町区一級)に当選しており、星に同調する会派「都市懇話会」四〇名(六〇議席中)を率いて、同年一一月には東京市参事会員一一名中五名も星派で占め、一九〇一年には自ら市会議長に就任した(有泉貞夫『星亨』)。

批判の口火を切ったのは、島田三郎の『毎日新聞』だった。伊藤博文が組閣の真っ最中である一〇月一五日の紙面に「東京市の醜聞!!! 市参事会の腐敗!!! 三井鉛管の購入!!!」という一段半の記事が掲載された。東京市が毎年購入する水道鉄管代金約一〇万円を一〇万三二〇〇円余に上げ、三〇〇〇円を市参事会員のうち星派の三名に賄賂として提供させた、という内容で、日本鉛管製造株式会社(社長・郷誠之助)と一手売《う》り捌《さば》き会社三井物産の結託も指弾されていた。『毎日新聞』は、連日批判、糾弾記事を掲載し、『萬朝報』も同調していった。逮捕者も出てくると、両紙は星亨を名指しして追及した。一一月九日、島田三郎らの呼びかけで「東京市公民会」が結成され、「市会の外に有志の機関を設け、市会の行動を監し、その正を助け、その非を過《あらた》め、更に同志をして市政に参ぜしむる」と「市政刷新」の旗を掲げた(『萬朝報』一一月一〇日)。

事件が一段落した翌年五月、『萬朝報』は今度は大阪市に焦点をあわせて、市政批判の記事を連載したが、府政と市政の多数派である予選派＝政友会を批判している。東京市、大阪市ともに政友会が握るという政治状況をこの時は変えられず、市政改革運動の大きな波が広がるには、日露戦後のデモクラシー状況まで待たねばならなかった。

一〇名以上雇用の工場労働者は、一九〇〇年に約四〇万人となる。日清戦争により軍需景気が起こり、労働力不足から紡績業では職工争奪まで行われるようになった。

労働問題の新紀元

一八七〇年代から八〇年代には労働争議は一～二件程度だったが、日清戦後の一八九六年二〇件、一八九七年七六件と一挙に増加する。政府も、一八九七年後半から労働争議統計を開始する。ジャーナリスト横山源之助は「特に日清戦役以来、機械工業の勃興によりて労働問題を惹き起し、物価の暴騰は貧民問題を喚起し、漸次欧米の社会問題に接近せんとす」と判断し、日清戦争は「労働問題の新紀元」と言い切っている(「日本の社会運動」一八九九年)。

労働運動が始まろうとする機運が満ち始めていた日本へ、二人の人物が現れる。一人は、高野房太郎《ふさたろう》。一〇年間米国で働き学んだ後、一八九六年帰国する。高野は、カリフォルニア州の製材所で働いていた一八八九年、G・E・マクニール編『労働運動――今日の問題』に出会い、「労働運動に対する関心がめざめ」、日本労働者の「不当な境遇についての私の認識は研ぎすまされた」(高野の書簡)という。一八九一年夏、サンフランシスコで靴工・城常太郎、沢田半之助らと職工義友会という勉強会を組織し、やがて労働者の生活改善による日本経済の発展という論理を獲得する。帰国した高野は一八九七年四月、城、沢田らと職工義友会を再建し、日本最初の労働運動出版物「職工諸君に寄す」を発行配布し、労働者の組織化という大事業に着手す

る。「寄す」は六〇〇〇字程度の文章だが、

立て職工諸君、立って組合を組織し、もってその重大なる責務とその男子たる面目を保つを務めよ、諸君の前途は多望なり、要する所は不抜の精神と不屈の意志のみ、天は自ら助くる人を助くといわずや、奮えよや諸君、その自助心を発揮せよ。

と「職工」の奮起を促す強い熱情と、未来への希望を示すものだった。元気なうちに未来に備えなくては、妻子を路頭に迷わせることになるという言葉のたたみかけは、男子職工が対象となっているものだった。産業化の進展は、大都市と周辺に工場などを集中させ、急速に都市を膨張させ、都市の諸機能が高まる都市化の時代を迎えていた。農村から挙家離村した人々は夫婦と子どもによる核家族で、若い夫が主たる生計を支えているが、妻や場合によっては子どもも補助労働して支えるという家計構造を持っていた。若い労働者層に夫や親としての自覚と、そのための労働運動参加を求めたのが、この呼びかけの意味だった。

もう一人は片山潜《かたやません》である。苦学していた東京から一八八四年米国に渡り、さらに英国で労働運動指導者トム・マンから大きな影響を受けて、一八九六年に帰国した。高野帰国の五カ月前である。片山は、組合派教会の機関誌『六合雑誌《りくごう》』の編集員となり、まもなく神田三崎町にセ

ツルメント・キングスレー館を開き、労働学校により、労働者に語り始めた。

労働組合期成会の始動

一八九七年六月二五日、再建された職工義友会は日本最初の労働問題演説会を開いた。ここには「無慮《むりょ》千二百余名」の聴衆が参加し、盛会となった。この日参加していた鉄工や活版工を含め七一名が参加して、七月五日労働組合期成会が結成された。第一回月例会で、幹事五名が選出され、幹事長には高野を互選した。

期成会のよびかけには、大きな反応があった。最初に、鉄工組合が同年一二月に結成された。鉄工とは、旋盤工・仕上工・製缶工など機械・金属産業に従事する職工の総称で、軍需生産の東京砲兵工廠、造船の石川島造船所など大規模工場で働く人々だった。企業を横断して組織された産業別労働組合である鉄工組合は、一年間で三二支部、三〇〇〇人の組合員を獲得し、一九〇〇年九月には四二支部・組合員五四〇〇人となった。支部は、日本鉄道大宮工場、電機産業の芝浦製作所、軍需産業の横須賀海軍工廠など東京、横浜、横須賀の大工場のほか、福島、仙台、青森、北海道などにも組織された(横山源之助「労働運動の初幕」『中央公論』第一四年第八号、一八九九年八月)。

図 **5-4** 『労働世界』創刊号(1897 年 12 月 1 日). 労働組合期成会の機関誌(月 2 回刊). 主筆は片山潜.

次に印刷会社の職工が労働組合を作る。一八九八年四月、東京印刷会社で組織された労働者組織「懇話会」発起人の馘首《かくしゅ》に端を発したストライキは失敗したが、翌年一一月期成会の援助で活版工組合が発足する。

一八九八年には私鉄の大ストが起きた。同年二月から三月まで続いた私鉄・日本鉄道会社のストは、待遇格差是正を要求し、職名改称(機関方→機関手、火夫→機関助手など)、身分昇格と増給、首謀者として馘首された一〇名の復職などを実現し、労働者の全面勝利に終わる。運動の主体となった「我党待遇期成大同盟会」は解散し、従業員中の機関方・火夫・常務雇員全員約一〇〇〇人で「日本鉄道矯正会」が、四月五日結成される。

期成会が取り組んだのは、労働組合の組織化だけではなかった。一八九八年四月の「労働者大運動会」、夏から秋にかけての「工場法」成立促進運動がある。前年の職工法案が挫折した後、一八九八年一〇月、隈板内閣は農商工高等会議第三回会議に、「工場法案」を諮問し、検討を要請する。期成会は、例外規定が多すぎる、職工証制度の新設は身分の不当拘束、労働者保護が不徹底、などを指摘して修正案を作り、東京や横浜で「対工場法案政談演説会」を開いたり、陳情運動を続けた。農商工高等会議は、職工証制度を認めず、法の適用範囲を拡大するなど改善策を示したが、隈板内閣の崩壊もあって、法の制定までには至らなかった。

期成会による多彩な活動は、「下層社会」の一員と見られていた労働者の意識を高め、神戸、横浜など各地各層に広がりつつあった。この時、山県内閣は治安警察法を制定し、労働運動や農民運動に冷水を浴びせた(一九〇〇年三月)。同法第一七条は、同盟罷業(ストライキ)や団体交渉などのため「他人に対して暴行、脅迫」したり、「他人を誘惑もしくは煽動」することを禁止し、第三〇条で同盟罷業を「誘惑もしくは煽動」すれば「一月以上六月以下の重禁固に処し三円以上三〇円以下の罰金を付加」すると規定していた。この影響は、砲兵工廠や造船所など軍需工場で働く人々に現れ、鉄工組合は退会する者が続出し、期成会も縮小していった。

これらの労働組合運動や社会主義運動を支える基盤は、日清戦後に顕著となる産業、国家、社会の生きにくさ、生活への訴えだったが、中心的な活動をする人間はどこから出てきて、人々を魅了したのだろうか。

第6章　民友社と平民社

平民社の社屋と社員たち．社屋は有楽町の一角にあり，
階下は幸徳家の住まいだった．

1　戦争と底辺

従軍記者と戦争報道

日清戦争が始まると、新聞記者の従軍要求は激増した。一八九四(明治二七)年八月、大本営は、「新聞記者従軍規則」と「従軍心得」を定め、出願・渡航の手続きや従軍中の取り決めを明らかにした。この手続きにより新聞記者一一四名、画工一一名、写真師四名が従軍する。記者を派遣した六六社は全国にわたっている。彼らは第二軍司令部、第一師団司令部に各一三名などと、司令部に属して行動し、記事を送っていった。

報道規制についても大がかりな体制が組まれた。大本営設置の二日後、六月七日に陸海軍の省令で軍機軍略の報道を禁止し、宣戦布告の翌二日、内務省による新聞記事の事前検閲令が緊急勅令として公布施行される。九月一三日この緊急勅令は廃止され、翌日新聞紙条例第二二条に基づく軍関係の新聞雑誌記事掲載禁止が陸海両省の省令に切り替えられた。この年の新聞雑誌の発行停止は歴史上最多となり、治安妨害を理由とした発行停止処分は一四〇社を超えた(『朝日新聞社史』)。情報規制措置で一部が抹消されている紙面が多くなる。

新聞各社が、一八九四年六月の最初の出兵に大きな関心を寄せていたことは、その時の出征部隊である混成第九旅団に三二名の記者、一二名の画工がついていったことでもわかる。当時の通信手段では、これらの司令部所属従軍記者だけでは情報は届かなかった。軍隊から得られた情報は、急設された軍用電信で釜山に送られ、釜山《プサン》―対馬（長崎県）―呼子《よぶこ》（佐賀県）―長崎―新聞社、という電信ルートにより新聞社に届けられた。広島の大本営もほぼ同じルートをたどり、長崎から広島へ国内電信が使われた。これが機能していれば、朝鮮の漢城から五、六日で情報は届いた。漢城の日本公使館から広島大本営へは、早ければ五時間から二四時間程度で到着しているが、新聞社の場合一週間前後かかっている。朝鮮民衆の抵抗運動として電線切断行為が行われ、電線不通という事態にしばしば巻き込まれた。そのため、中継にあたる人間を用意し、仁川港から釜山港、または一挙に船で門司港まで届けるという方法も取られ、釜山港や門司港に記者が派遣されていた。政府も連絡船を仁川港に配置し、詳しい公使館報告などは使者を派遣して伝えている。電信だけではなく、人力も必要な時代だった。

東西の朝日新聞社は最も多くの従軍記者を派遣し、彼らは「或は長刀を横え短銃を帯び仕込《しこみ》杖《づえ》を携うるあり、殊に目立ちて見えたるは七名の記者一様の長槍を提げたる、さながら赤穂《あこう》義士打入の扮装に異ならず」（山本忠助「征清従軍記」）と異様な服装で従軍し、「食事は兵卒と同じく、舎営は何処にてもよし、食事は茶飯かと思わしき色にて白げざる〔白くない〕支那米一口に石三つ四つは必ず有之《これあり》、菜は梅実二三顆に御座候《ござそうろう》。併しタマには鮭缶詰六、七人の中に一個渡れば鬼の首でも獲る様」（西村天囚、九月下旬）と粗末な生活を続けながら、戦争報道に従事した。

民友社の『国民新聞』も多くの従軍記者を派遣して、「画工」を含め合計三〇名となった。広島の大本営には主筆の徳富蘇峰《とくとみそほう》自身が赴き、松原岩五郎(第一軍)、古谷久綱《ひさつな》(第二軍)、阿部充家《みついえ》、国木田哲夫のほか、画家の久保田米僊《べいせん》(第二軍)・米斎《べいさい》(同)親子などが戦場にあった。特にまだ二四歳の青年記者・国木田哲夫の「愛弟!」で始まる軍艦搭乗記は人気で、後に『愛弟通信』の名で刊行された(一九〇八年一一月)。『愛弟通信』は、会話を口語で記録し、地の文は文語文を採用するという方法で綴られたが、戦闘場面になると欧語直訳文、文語、体言止め、記号などを多用して、リズム感を出す努力を払っている(「威海衛艦隊攻撃詳報」)。

忽《たちま》ち各艦の中央檣《ほばしら》に戦闘旗翻《ひるがえ》る。(中略)突進! 突進‼ 敵の砲台次第に近からんとす。(中略)見よ砲台に白煙起る。彼れ先づ其《その》火ぶたを切りたるなり。/相顧みて曰く「打た!」/旗艦は答へざるなり、更に進めり。更に一進せり。砲台を左舷少しく艦首に見る。用ふべきは右舷砲なり。/戦闘!!!/艦長の号令一下す。響き渡る戦闘の喇叭《らっぱ》。

速報体制

従軍した記者から生々しく伝えられる記事には注目が集まり、新聞各社は号外合戦を展開して速報性を競った。通常発行部数の数倍を印刷配布する号外の頻度が、新聞購読者数の増加につながった。『大阪朝日新聞』では、一八九四年に六六回、九五年に八〇回の号外を発行した。発行部数では『国民新聞』は一日七〇〇〇部から二万部へ、『大阪朝日新聞』は七万六〇〇〇部（一八九三年下半期）から一一万七〇〇〇部（一八九四年下半期）へ、『東京朝日新聞』も七万六〇〇〇部（同期）へ、『萬朝報』は五万部へと増加した。地方紙も、日刊新聞『巌手《いわて》公報』の一五〇〇部程度から三〇〇〇部近くへ倍化など、同様に伸びた。

フランスで発明されたマリノニ輪転機は、一時間に三万枚印刷でき、従来の平板ロール・プレスの一五〇〇枚より二〇倍の印刷力を持つ。一八九〇年にいち早く輸入したのは、内閣官報局と東京朝日新聞社だけだったが、次第に増えて日清戦後の一九〇二、三年頃には全国で六〇台余が使用される。この輪転機導入により、一回だけの刷りで発行していた一版制から二版制へ、さらに一九〇一年には『萬朝報』『時事新報』『東京朝日新聞』が三版制となり、第三版にあたる東京市内版は原稿締切を夕方の五時頃から深夜零時に変更し、情報は詳しく早く伝えられることになった。郵送された外国新聞を翻訳していた外電も、アジア一帯を担当営業区域とする「ルーター」（ロンドンのロイター通信社）と特約して、国際情報の往復が格段に早くなるのは『時事新報』の一八九三年、東京・大阪『朝日新聞』の一八九七年からである。

従軍画家

写真は、日刊の新聞紙上で印刷することはまだできず、時間をかけた「新聞付録」に写真銅版が使用された程度にとどまっていて（『東京朝日新聞』九四年六月一六日）、日刊の本紙に採用できるのは日露戦争中の一九〇四年九月である。軍に所属する写真家の作品は、写真集や画報集などに掲載されて人気を博した。この頃の新聞紙上では、派遣された画工の絵が石版となって掲載された。絵は「事実」を伝えるものとしての重みを維持しており、彼らは「報道画家」と呼ばれていた。久保田米僊とその子、米斎・金僊、洋画家の山本芳翠、黒田清輝、浅井忠、小山正太郎らが、それぞれ新聞社と契約し腕を振るった。

久保田米僊は、「砲煙弾雨の状態《ありさま》は操觚者《そうこしゃ》〔新聞記者等〕が筆を取ても、所謂《いわゆる》隔靴掻痒の感なき能《あた》わず」と思い、『国民新聞』の派出員となった（久保田米僊『米僊画談』）。途中赤痢に罹るが、九月一五日の平壌攻撃には「杖にすがって、戦場へ進んだ」。「往《い》って見た所が、実に惨憺たる状態《ありさま》で死屍が累々として山を為して居る、逃げ後《おく》れて縊《くび》れて死んだ奴もあるし、実に言語に尽されない状態《ありさま》であった」と悲惨な戦場だったと率直に述べている。

従軍した記者の中から、文芸創作に向かい、作家となっていく人々が出てくる。

戦争取材から戦後文学へ

一八九四年九月、民友社に正式に入社した国木田哲夫は、すぐさま従軍記者を志願して、翌年三月上旬まで四カ月半を海上で過ごし、日清戦争を熟視して、作家への道を歩む。作家・国木田独歩は、日清戦後の社会を次のように描いている。「日清戦争、連戦連勝、軍隊万歳、軍人でなければ夜も日も明けぬお目出度《めでた》いこととなって」いる（『文芸界』一九〇二年一一月号）、と「軍人社会」とも言えそうな雰囲気を描く。軍隊を無視してもよい、というそれまでの状況との落差を表している。

戦争という大きな事件は、人々をいやおうなく戦死や軍需景気などさまざまな新現象に引きずり込んでいった。文章で身を立てようという志の人間にとって、戦争や外国をじかに見る「従軍」の機会は、自らの飛躍のためにも必要だと思った実例が幾人もあった。台湾出兵での岸田吟香《ぎんこう》、西南戦争での犬養毅（『郵便報知新聞』）と福地源一郎（『東京日日新聞』）による報道競争などが、編集部、記者や記者志望の若者などの脳裏にすぐ浮かんだだろう。

一八九五年近衛師団に一カ月従軍し重病となった正岡子規も、やや回復すると、従軍と戦勝を機に、新しい和歌の誕生に向かっていった。一八九八年に書かれた「歌よみに与ふる書」は、従来の和歌を「弓矢剣槍を以て戦はんとすると同じ事」で「明治の時代に行はるべき事」ではないと批判し、「外国の文学思想抔《など》は続々輸入し」和歌の「旧思想を破壊して新思想を注文」して吸収し、和歌の再生は外国から購入した軍艦や大砲で「日本国を固むる」のと同じことだと述べている。「けふこのごろの人情をばわづかに数十の言語をもて述尽すべうもあらざる」「我長短歌のたぐひはいはゆる未開の世の詩歌」（坪内逍遥『小説神髄』）と無価値の批判を受けた和歌や俳句という短文学を復興する旗手としての子規が現れたとき、彼は日清戦後のナショナリズムの興隆を背景として前へ進んでいくことになった。

泉鏡花と硯友社第二世代

従軍しなくても、戦争を取材して自己の分野を作り、飛び立っていく創作者もいた。泉鏡花《いずみきょうか》は、歩兵第七聯隊が金沢城に設置された一八七三年に金沢で生まれ、軍隊の姿を町の中に見ながら育った。尾崎紅葉の門下生となった鏡花は、九三年五月処女作を発表し、作家としてのスタートを切る。九四年には八作品を公表したが、その中に日清戦争に取材した、「予備兵」(『読売新聞』一八九四年一〇月一~二四日)、「海戦の余波」(『幼年玉手函』第一一編、同年一一月)の二編がある。その後日露戦争開始までに、「琵琶伝」(『国民之友』第二七七号、九六年一月四日)、「海城発電」(『太陽』第二巻第一号、九六年一月五日)など五編を発表する。発表媒体は、師の尾崎紅葉が支配する新聞雑誌ではなく、新創刊の『太陽』や再出発の『新小説』であること(後述)も大きな変化だった。

泉鏡花は、一八九五年に「夜行巡査」や「外科室」を発表して、思想はあるが主観的であるという「観念小説」作家としてまず知られ、その後「照葉狂言」(一八九六年)などで抒情的な文体を書いて作家の名をあげていくが、二つの流れの作品は時期的に重なっている。これらの戦争小説こそ、鏡花が師の紅葉から学んだ写実的手法を駆使して描かれたものである。一九四〇年代に『鏡花全集』(岩波書店)が編まれた際、軍人批判の強い「琵琶伝」、「海城発電」は軍部の反発を忌避して収録されなかった(それらを収めた別巻が刊行されたのは一九七六年)。虚構の構築と情緒的な美しい文体、という修飾語で後に語られる鏡花文学だが、詳細な取材と硬い文体からなる鏡花の作品が、日清戦争を身近に見ることから叙述され始めたことを重視したい。

鏡花のこうした作品は、尾崎紅葉らの文学結社・硯友社《けんゆうしゃ》第二世代(後期硯友社グループ)の新作への動きとなって広がっていった。一八九五年には次のような作品が生まれていた。

三月＝川上眉山《びざん》「書記官」（『太陽』）／五月＝広津柳浪《ひろつりゅうろう》「黒蜥蜴《くろとかげ》」（『文芸倶楽部』）／六月＝泉鏡花「外科室」（『文芸倶楽部』）／一〇月＝江見水蔭《えみすいいん》「女房殺し」（『文芸倶楽部』）

第二世代の動きにも刺激されて、硯友社の指導者尾崎紅葉は、これまで見向きもしなかった言文一致体を採用して、「多情多恨」（一八九六年二月〜一二月『読売新聞』連載、一八九七年七月刊行）を書き、数年の停滞から脱する。文末に「である」を使い、心理状態を強く畳みかける力強い新作として評判をとり、傑作として名を残した。

「社会小説」　これらの作品を民友社は「社会小説」というジャンルとしてまとめ、『国民之友』第三二〇号（九六年一〇月三一日）で「社会小説出版予告」として、「第一斎藤緑雨《りょくう》、第二広津柳浪、第三幸田露伴《こうだろはん》、第四後藤宙外、第五嵯峨《さが》の屋主人、第六尾崎紅葉」の六名の予定執筆者名を挙げた。「小説家たるもの又もって花鳥風月に安眠するの時に行らず」「念頭を実在の社会に置き」「社会、人間、生活、時勢といえる題目に着眼して」「期する処は文壇の革新にあり」と意図を述べた。これは企画のみに終わったものの、社会小説論争なるものが起こり、「社会小説」の意味について議論が巻き起こった。『東京毎日新聞』や『世界之日本』（民友社）

は賛成したが、帝国大学の『帝国文学』は反対の陣を張った。『早稲田文学』第五号（一八九八年二月一六日）掲載の金子馬治《うまじ》（筑水《ちくすい》）「所謂社会小説」は、論争が起きるのは日本の文学界が「甚だ幼稚」なためで、書生社会を描いているだけだからだと断ずる。書生小説から「大人小説」へ、実社会に注目する「偉人小説、社会小説」へ発展させろ、と作家を激励し、「ヂッケンズとなり、サッカレーとなり、ユーゴーとなり」を展望する作家、作品を要求して、「社会小説」への動きを推し進めた。

新しい文学世界の始まりは、出版ジャーナリズムを刺激し、二大出版社では一八九五年一月博文館の『太陽』創刊（一八九七年から高山樗牛《ちょぎゅう》が主幹）、翌年春陽堂の『新小説』復刊（幸田露伴編輯主任）、さらに新興勢力として一八九五年、山県悌三郎《ていざぶろう》（雑誌『少年園』発行人）が田岡嶺雲《れいうん》を主幹とする青年雑誌『青年文』、一八九七年には東華堂から、島村抱月《ほうげつ》ら早稲田系の『新著月刊』など新しい雑誌が登場し、その受け皿となろうとした。『新小説』復刊と同じ月に、新声社の文芸投稿雑誌『新声』がささやかに創刊され、尾崎紅葉らの硯友社文学を批判していた。発行人の佐藤儀助はまだ秀英舎印刷所の校正係だったが、一九〇四年社名を新潮社と改め、雑誌『新潮』による文芸中心の新興出版社として作家を育てていく出発点である。

日清戦争という大事件、それを契機とした産業や貿易の発展、経済社会の展開などは、日本近代文学の世界に社会との結びつきという新しい視点を要求し始めた。硯友社第二世代が描き始めた小説世界は、「観念小説」、「深刻小説」の形容詞で、半ば揶揄されながら始まるが、それは、民権期の政治小説の時代をようやく通過し、恋愛や風俗を主題にして人間を取り上げ始めた創作者に提供された舞台であった。

貧民窟探訪記

松方デフレによる農村の貧窮化は、下層農民を都市へと追い出した。また都市部に勃興する機械化産業は、職人層の仕事を奪い、没落する人々を大量に造り出す。彼らの住む場所、それが「貧民窟《ひんみんくつ》」と新聞等で呼ばれたスラムである。こうしたいわば新しい社会に注目し始めたのが、硯友社文学にあきたらぬ若き書き手たちだった。

政教社の桜田文吾《ぶんご》が新聞『日本』で一八九〇年八・九月に連載した「貧天地」、民友社の松原岩五郎が『国民新聞』に一八九二年一一月から翌年八月まで連載した「最暗黒の東京」(九三年一一月出版)など、文学結社ではない新しい社会集団から書き手が登場しつつあった。政教社は、玄洋社機関紙『福陵新報』が坑夫虐待と報道していた「高島炭坑事件」を、一八八八年六月機関誌『日本人』で松岡好一が報告し(「高島炭礦の惨状」)、中央政治の問題とした国粋主義結社である。志士仁人意識は両者に共通して、政府と三菱会社の糾弾へと動かした。『福陵新報』報道での中心であった吉本襄(鉄華)は、その経験を小説『西海孤島 千条の涙』にまとめ「社会小説」の先駆となった(佐藤能丸『明治ナショナリズムの研究』)ように、現実を見つめることにおいて民友社とも共通するものがあった。

図 **6-1**　貧民窟の図．東京市山伏町を描く．スラムの状況が変わろうとするこの時期に関心が高まっていた（森田華香画，『風俗画報』1898 年 11 月 10 日）．

国木田独歩は、松原と桜田のルポルタージュを同時に取り上げ、「吾人《ごじん》に与うにこの上もなき賜《たまもの》」と賞賛した。現実への真摯な観察、という戦場記録と通じるものを独歩は見いだしていた。文体についても新しい試みが始まる。彼らの記録文学は、まずは文語体で綴られており、独歩の『愛弟通信』のようにさまざまな実験も行われた。文語体から徐々に抜け出していき、口語体という言文一致体に近づいていった。その手がかりは、ルポの中に記される民衆の会話であった。松原の友人で、下層社会の観察記事を連載していた横山源之助は、

「オイ今日の屋根代はまだ這入《はい》らんようだぜ」

「ヤァ番頭さん、今日の雨だろうじゃねえか最《も》う一日勘弁して呉《く》んなよ済まねえが」

などと貧民窟の木賃宿《きちんやど》風景を描写し（『毎日新聞』九五年一二月一九日）、「父様《とっさん》、正月に紙鳶《たこ》買って呉《くれ》よ」と子どものねだる姿を描く（同一二月二〇日）など、会話で階層や年齢、職業などを

書き分ける技術を持つようになっていった。これらの実験は文壇から無視され、横山らのルポルタージュは文学と認められなかった。銘酒屋の女性など、自分の周囲で起きる社会の陰影ともいうべき社会事象を取材し「たけくらべ」(『文学界』九五年一月号)という秀作を作りだしていた樋口一葉には親近感を持たれ、一葉は末期の時、斎藤緑雨か横山源之助に、彼女の全集編纂を託そうとしていた(立花雄一「横山源之助小伝」)。日本近代最初の「戦後文学」は、戦場の前線と、都市スラムの闇底からやってきたのである。

2　文学と社会

新しい文体と文学

新しい文体、言文一致体を造りあげようという運動は、日清戦後に高揚期を迎えていた。言文一致体論に必ず登場する二葉亭四迷《ふたばていしめい》は、「余が言文一致の由来」(『文章世界』一九〇六年五月号)で、「文章が書けないから」坪内逍遙に相談したところ、「円朝の落語《はなし》通りに書いて見たら何《ど》うか」と提案された、というエピソードを述べている。言文一致体の母は「円朝の落語」、という神話の誕生である。

実は、この文章の後半には二つの工夫について語られていた。一つは、漢語に起源を持つ熟語などの排除である。「日本語にならぬ漢語は、すべて使わない」という「自分の規則」を作る。「成語、熟語、凡《すべ》て取らない」というきびしいもので、「国民語の資格を得ていない漢語は使わない」という。そのため参考にしたものは、「円朝の落語」に出てくる口語ではなかった。「式亭三馬《しきていさんば》の作中にある所謂深川言葉《いわゆるふかがわことば》という奴《やつ》」を参考にしたと明かしている。四迷が例としている「べらぼうめ、南瓜畑《かぼちゃ》に落《おっ》こちた凧《たこ》ぢやあるめえし、乙《そ》うひッからんだことを云ひなさんな」や「井戸の釣瓶《つるべ》ぢやあるめえし、上げたり下げたりして貰《もら》ふめえぜえ」などは、諸国から集まってきた江戸の民衆言葉を生き生きと記した言語材料とでも言えるもので、子ども連れの四〇男、座頭《ざとう》、田舎出の三助《さんすけ》、上方者、老婆、女中、姑、嫁、子守など性別・年齢・階層・職業・出身地などを書き分け、三馬は江戸のヒギンズ教授となっている。文字表現も、文章は歴史的仮名遣いだが、会話には発音式の仮名遣いを交えていて、四迷が「口語体」を十分学べる材料となった。例えば、『浮雲』第一編の中で、次のような会話が交わされる。

「デモ彼《あ》れは品《ひん》が悪いものヲ」「品《しん》が悪《わり》いてツたツて」

新時代の教育を受けた娘は、「ヒン」と「ワルイ」というように、作られつつある「標準語」を話すことができるが、江戸女である母は「シン」「ワリイ」としか話せない（原子朗『文体の軌跡』）。四迷は東京の三馬となった。三馬の多彩な作品に盛られたのは、一七九〇年代から一八一〇年代の江戸言葉であり、四迷の「口語体」は、明治維新が捨て去ったはずの江戸文化の継承でもあった。四迷が、諸国から流入してきた「ぐつと鄙《いや》しい」「下司下郎《げすげろう》」（式亭三馬・楽亭馬笑「狂言田舎操《いなかあやつり》」に親近感を持たなければ、学ぶ材料となることはなかった。

一八八六年の四迷は文学を志して、坪内逍遙の指導を受ける。翌年には徳富蘇峰を訪問し、『国民之友』の執筆メンバー、森田思軒《しけん》、山田美妙《びみょう》、矢崎鎮四郎《しんしろう》(のちの嵯峨《さが》の屋《や》お室《むろ》)、内田貢《みつぐ》(のちの内田魯庵《ろあん》)、松原岩五郎、横山源之助らと知り合う。特に魯庵と長く交際を続け、一八八九年末「以後、松原と親しく交わった」(紅野謙介編「年譜」)。恐らく彼らの案内で、翌年「下層社会にさかんに出没した」(同)。それより以前四迷二一歳の「年譜」に、「この時期、貸本屋から馬琴《ばきん》、京伝《きょうでん》、春水《しゅんすい》などの戯作を借り、(中略)寄席《よせ》に通うのが好きで、盲目の新内《しんない》語り若辰《わかたつ》をひいきにしていた」とあるように、江戸文化に浸った時期がある。式亭三馬から学ぶ文字の「会話体」は、寄席と下層社会の生き生きとした会話に裏付けられ、身近な言語材料として採用される。四迷の前には逍遙しかいないというのではなかった。

鏡花の「海城発電」には、「漢語なんかつかいやあがつて、何でえ、躰《てい》よく言抜けやうとしたつて駄目だぜ」と知識人の「漢語」に反発する軍夫が描かれる。民衆をどのように描くのか、鏡花の試みは「民衆と言葉」を捉え、口語で示す努力となった。この鏡花は、四迷に最も近い。

民友社の役割

また横山源之助は、あるルポの冒頭で「過去の日本文学者中、サタイリストをもって、霊腕なる式亭三馬なる者」と「浮世風呂」を挙げ、「もし式亭三馬に明治の教育を与え、這般《しゃはん》の消息を知らしめば、絶好の詩材を得べきか」と述べている(『毎日新聞』一八九四年一二月)。自ら「明治の式亭三馬」として記録しようという横山の意欲だろう。横山の遺した最高の作品『日本の下層社会』は、産業革命期の新旧下層を、客観的に明らかにした「社会学の古典」(立花雄一「横山源之助小伝」)と高く評価されている。正確さを求めて数字を具体的に挙げ、この時期に特有の漢字熟語の多い文章だが、リズム感があり、「下層社会」という社会の現実に迫ろうという学生層や社会問題家に広く受け入れられ、読まれていった。

下層社会、民衆社会を記録する方法としての会話記録、という考えは、四迷だけでなく、横山にもあり、彼の交友のあった前記の人々にも共通していた。松原岩五郎も同じような記録を残している(『最暗黒の東京』など)。彼ら民友社同人の果たした役割を、記録文学として捉え直し、その後の文学へ遺していったものを明確にする必要がある。

帝国大学で西洋文学を学んだ近代作家たちが捨て去った、江戸の民衆文化、民衆文学を再生させたことこそ、二葉亭四迷の成果である。そしてそれは民友社同人に共有された財産でもあった。日清戦争の末期に帝国大学教員(井上哲次郎、上田万年ら)、学生(哲学科・高山樗牛、古典科・大町桂月《けいげつ》、英文科・上田敏《びん》ら)の編集委員で創刊された『帝国文学』が文語体や漢詩・漢文による論文や文学作品を掲載して、「国民文学」を「宜しく育成すべし」と宣言した時(創刊号、一八九五年一月)、すでに江戸の民衆文学から水が引かれ始めていた。言文一致体という新しい水流は、誰でも「小説」を書くことのできる時代の始まりを導き出していった。

3　ジャーナリズムの成熟

新聞に難解な政治論ではなく、身辺雑記が読者から寄せられ、掲載されるのは、日清戦後に始まる。『大阪毎日新聞』の「落葉籠」欄は、日清戦後の一八九七年に始まった。民権時代の政治新聞への投書とは違い、民衆の怒り・哀しみ・笑い・困惑などが短信で寄せられ、記者の書く記事とは異なった人気となっていった。

『萬朝報』の人材

歌舞伎などの芸能情報で売っていた『都新聞』の主筆・黒岩涙香《くろいわるいこう》が独立して朝報社を設立し、日刊新聞『萬朝報』を創刊したのは一八九二年一一月で、淡い赤色の用紙を用い、内容もセンセーショナルなもの、タブロイド版四頁定価一銭、月極二〇銭と値段も安く(他紙は一銭五厘から二銭五厘。月極は『時事新報』五〇銭、『東京朝日新聞』等は三〇銭)、民衆うけを狙って見事に当たった。『東京朝日新聞』『朝野《ちょうや》新聞』など、政論や社会記事を売り物にしていた諸新聞を向こうにして、たちまち首都のジャーナリズムの一角を占めた。

編集室には、涙香が筆を振るった「眼无王侯手有斧鉞」(眼は王侯になく手には斧鉞《ふえつ》あり)という書が掲げられ、王侯の権力にも立ち向かう意欲を示していたが、創刊当初の売り物は、花柳界にまつわる「三面記事」(社会面を表す用語として定着させたのは『萬朝報』)と涙香が翻

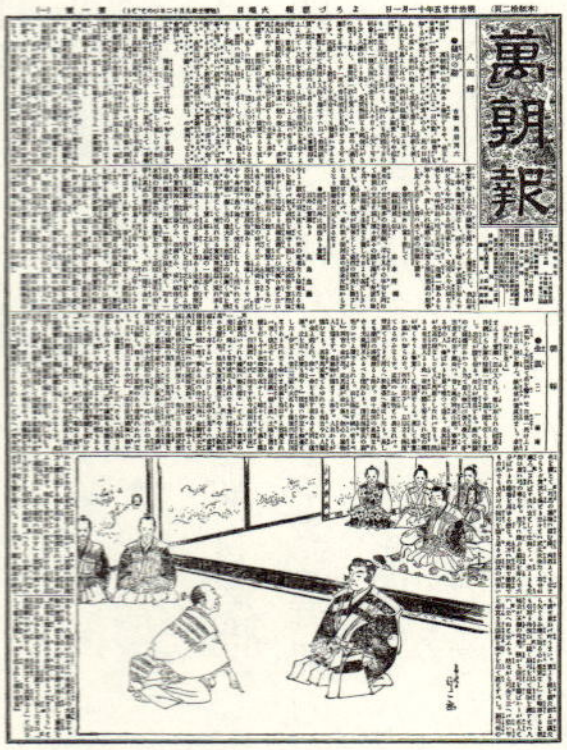

図 **6-2**　『萬朝報』創刊号．黒岩涙香の経営戦略は功を奏し，発刊以後 10 年間東京で最大の発行部数(5～11 万部)を誇った．1903 年に『萬朝報』を抜き，15 万部を達成したのは『二六新報』．

訳・翻案する西洋の探偵小説だった(「巌窟王」「鉄仮面」など)。日清戦争を契機に、『萬朝報』は変身していった。開戦直後の九月一一日には第一面に三段組の英文欄が設けられ、英文エッセイの担当者として名古屋英和学校からスカウトされたのが、内村鑑三《かんぞう》である。一八九六年以降、森田思軒、田岡嶺雲、斎藤緑雨、高浜虚子、久津見《くつみ》蕨村《けっそん》などが続々入社し、後期硯友社や民友社をベースに活躍し、「社会小説」や底辺社会ルポルタージュ、記録文学などを試行錯誤していた人々の結集体と朝報社が化していた。

一九〇一年の「社会的正義」

創業期の『萬朝報』が、読者うけを狙って展開していた、社会面重視、「弊風一斑蓄妾《ちくしょう》の実例」連載、藩閥政府批判などは権力者批判の意味が背景にあり、その後の人材結集により、より明確な社会改良運動を呼びかけることになる。民権時代の政論新聞に源を持つ多くの新聞は、社会正義を訴えても、最後は政府に対処を要求することで終わり、読者は客体にとどまるのに対し、『萬朝報』は、読者に呼びかけ、政治主体となることを求める特異な性格を持っていた（有山輝雄「理想団の研究」）。一九〇一年七月、涙香は、人心改善・現実社会を理想社会に、を掲げて朝報社のメンバーを中心に、「理想団」を結成し、読者の参加を呼びかけた。会員はたちまち北は栃木県から西は静岡県まで広がる。一九〇三年一月までで三一六六名が加入した。東京市内だけでなく、長野県などでも演説会が開催され、社会改良を訴えた。

月極一〇銭という低価格で部数を伸ばしていた『二六新報』は、一九〇〇年四月から連載した三井財閥攻撃の記事が、内務省により掲載禁止が命じられたように、反財閥を掲げ、民衆の人気を得る。同年秋には「社会廓清《かくせい》」を掲げて、遊郭廃止を求める「廃娼《はいしょう》運動」を進める、キリスト教系の救世軍と連携して、娼妓《しょうぎ》の「自由廃業」を記者自ら援助し、積極的に報道した。「自由廃業」を肯定したのは、『二六新報』のほか、『毎日新聞』と『萬朝報』であった。

片山潜らの労働組合期成会が持ち込み、『二六新報』社が同調した一九〇一年四月三日の

図 6-3　東京で発行された新聞と社主・主筆.『自由』板垣退助,『時事新報』福沢諭吉,『国会』志賀重昂,『中央新聞』大岡育造,『国民新聞』徳富蘇峰,『毎日新聞』島田三郎,『東京朝日新聞』村山龍平,『読売新聞』市島謙吉など代表的なジャーナリストが揃っている(『毎夕評論』附録, 1892 年).

「日本労働者大懇親会」という催しは、砲兵工廠や印刷局などが参加を禁止したにもかかわらず、五〇〇〇人(警視庁発表)から二万人(『二六新報』)の人々が集まり、片山潜が提案する五項目(①政府に保護を要求、②普通選挙権要求、③幼年婦女子の労働保護要求、④労働者教育の普及、⑤毎年四月三日の大懇親会開催)を決議して、政治集会に変貌していた。

古河市兵衛《いちべえ》が経営する足尾《あしお》銅山は、一八七七年の操業開始から間もなく新しい鉱源を発見し、一八八四年には一挙に年産二二八六トン、全国産銅量の二六%を占める優良鉱山となった(東海林吉郎・菅井益郎『通史・足尾鉱毒事件』)。しかし、同年の暮れには煙害による近隣諸山の樹木が立ち枯れ始め、八七年には渡良瀬《わたらせ》川の魚も漁師も姿を消していた。同年秋東京専門学校で鉱毒問題が取り上げられたが、世論を喚起することになるのはもう少し後、一八九〇年のことだった。八月に洪水があり、被害が大きかったため、栃木県谷中村《やなかむら》の村会は、古河市兵衛に損害補償と製錬所移転を求める決議をし、吾妻村《あづまむら》村会も、製銅所採掘中止の知事上申を可決した。以後、村々と、栃木県選出衆議院議員田中正造《しょうぞう》らの運動が続くが、まったく解決ができないまま、一九〇〇年二月、鉱毒被害民三五〇〇名が第四回目の東京請願行動に移ったとき、群馬県川俣《かわまた》で凄惨な弾圧が行われ、一〇〇名余逮捕、うち五一名が七月に凶徒聚集《しゅうしゅう》罪などで前橋地裁で審議されることになった(川俣事件)。一二月の判決は、凶徒聚集罪は否定したが、同年三月一〇日に公布施行された治安警察法を適用し一九名を有罪とした。被告・検事ともに控訴しため、東京控訴院で一九〇一年九月から公判が始まった。

被告たちの主張は、新聞報道を通じて広まり、局面を一挙に変えたのは一〇月に一週間行われた被害地臨検だった。裁判長・陪席判事・検事・弁護士に、専門家である横井時敬《ときよし》(帝国大学農科大学)、さらに在京新聞社八社(毎日、日本、時事、朝日、萬朝、二六、報知、日出)を加えた一行は、「恰《まる》でこの世からの地獄の体」(『報知新聞』一〇月九日)ともいうべき惨状を見て衝撃を受けた。以後各紙は鉱毒事件報道に熱心になるが、「鉱業停止」の論陣を張ったのは『毎日新聞』と『萬朝報』だった。

『毎日新聞』主筆の石川安次郎(半山)は、同年六月八日自宅で田中と面談した際「今は唯一策あるのみ」(「当用日記」)と直訴策を授けた人物である。石川は、もと『中央新聞』の同僚で、『萬朝報』の幸徳伝次郎を直訴文執筆者として選び、三人の「謀議」で大事件を起こすことになる(松尾尊兊「田中正造の直訴について」)。一二月一〇日午前一一時四五分、第一六議会の開院式から出てきた天皇の馬車に向かい、田中正造は鉱毒事件の直訴を決行した。不敬罪を意味する大事件は全国各紙が号外で報じ、一カ月間鉱毒問題・直訴事件が、読者を巻き込んで論じられた。『萬朝報』は、鉱毒被害民の訴えを「議会聞かず、政府顧みず、社会助けず、正造終《つい》にここに及べり」(一九〇二年一月一日)と擁護する。岩手県の中学生石川一《はじめ》(啄木《たくぼく》)少年は、新聞を売って足尾鉱毒被害民と八甲田山遭難者へカンパし、東京帝国大学学生河上肇《はじめ》も、演説会で感動し、着ていた外套や羽織を脱いで義捐とした。田中正造は帝国議会では孤立し、衆議院議員辞職(一九〇一年一〇月)にまで追い込まれたが、救援活動は全国に広がり、学生(帝国大学、早稲田、慶応、明治法律専門学校、立教中学、曹洞宗大学林など)や女性(キリスト教婦人矯風会など)の活動は日露戦争直前の一九〇四年初めまで途切れることなく続いた。

『萬朝報』は、この年を送るにあたって次のように慨嘆している(「送歳の辞(上)」、一二月三〇日)。「我日本は、殆んど腐敗の絶頂に達したるなり、堕落の極度に至りたるなり、夫《そ》れ政府、政党、議会、投機師、是等の数者は実に奸譎《かんけつ》、詐欺、遊惰、姦淫、殺人等の有《あら》ゆる悪徳を代表せるの名詞にあらずや、(中略)是等の数者に支配されたるの日本は、実に亡国を意味せるものにあらずや」と。このような意識と痛覚が共有されたところに、一九〇一年の「社会的正義」は存在し得ていた。そこにさまざまな社会運動が広がっていたが、やがて日露の緊張が強まると、「戦争と平和」という課題をめぐり、分裂と退潮を余儀なくされる。

日露開戦論と非戦論

一九〇二年から〇三年にかけて、北清事変後のロシア軍撤兵問題が長引き、日露の緊張が高まっていく(第七章参照)。一九〇三年四月以降には強硬派の活動が目立ち始めた。これに対し、キリスト教から内村鑑三、社会主義から幸徳秋水や堺利彦などが、『萬朝報』に非戦論、戦争絶対反対論などを積極的に執筆し、読者に訴えていく。内村の「戦争廃止論」(六月一九日)は「余は日露非開戦論者である計《ばか》りではない、戦争絶対的廃止論者である、戦争は人を殺すことである、そうして人を殺すことは大罪悪である、そうして大罪悪を犯して個人も国家も永久に利益を収め得よう筈はない」と明瞭だった。

しかし、夏を過ぎる頃から非戦論、反戦論の論調が、ジャーナリズムで孤立するようになっていった。内村らの意見は署名入りの発表で、朝報社としての意思表明ではなかったが、非戦論を継続して発表するのかどうかが『萬朝報』にとって大きな問題となりつつあった。

ロシアが満州から第二次撤兵する期限である一九〇三年一〇月八日の『萬朝報』は、第二社説「戦は避くべからざるか」を掲げ、日露戦争は避けられない、国民は「一切の顧慮を捨て、難に向て盲進するの一路あるのみ」と開戦へ向かって政府に協力すべきだ、という宣言を発した。他の新聞に追随して、国民は戦争に協力すべきだ、とまで思い切った宣言をしたのである。

その夜、社会主義協会が開いた神田青年館での非戦論演説会で、幸徳と堺は、朝報社退社決意を明らかにし、翌日内村も、退社を決める。一二日の『萬朝報』第一面トップは、内村「退社に際し涙香兄に贈りし覚書」と堺・幸徳連名の「退社の辞」、黒岩周六「内村、幸徳、堺、三君の退社に就いて」が二段にわたって掲げられた。内村は「小生は日露開戦に同意することをもって日本国の滅亡に同意することと確信」し、堺・幸徳は「予等が平生社会主義の見地よりして、国際の戦争を目するに貴族、軍人の私闘をもってし、国民の多数はそのために犠牲に供せらるる者となす」ゆえに退社する、と明確に袂《たもと》を分かつ理由を述べている。

平民社の結成と人々

堺と幸徳は、共同でしかも週刊の新聞を出すという大きな計画に取り組んだ。二人がジャーナリストとして働き、生活してきた経験が、新聞発行へと結びついた。

警視庁に届ける保証金は、もと衆議院書記官で、中江兆民の友人だった小島龍太郎が、創業費は民衆を相手の実費診療所運動をしていた医師・加藤時次郎が提供することになった。一〇月二三日、有楽町に平民社の事務所兼幸徳秋水の住居が誕生した。人々から、懸崖《けんがい》形菊一鉢、杉の木立一鉢、マルクスとエンゲルスの肖像を並べた大きな額、ドイツ社会民主党の指導者ベーベルの小さな額、英国のデザイナーで社会主義者ウィリアム・モリスの肖像画と額、ゾラとトルストイの額、ランプ二個、茶道具一揃い、電話などが贈られたり、購入したり、賑やかな事務所がたちまちできあがる。結成された「平民社」の趣旨は、創刊号巻頭に「平民社同人」の「宣言」として掲載され、「一自由、平等、博愛は人生世に在《あ》る所以《ゆえん》の三大要義なり」と、平民主義・社会主義・反戦・非暴力を格調高く訴えた。

一一月五日創刊された週刊『平民新聞』は、日曜発行、一部三銭五厘で、第一号は売り切れとなるほど評判となり、再版して八〇〇〇部となった。第二号以降は平均三五〇〇～四五〇〇部の発行となった。当初の執筆者は、『萬朝報』記者や寄稿者などが目立つが、「発行事情」(創刊号)に紹介された関係者一覧はもう少し多彩な人物たちで、細野猪太郎、野上啓之助、小泉三申《さんしん》、斯波貞吉《しばていきち》、伊藤銀月《ぎんげつ》らが含まれていた。

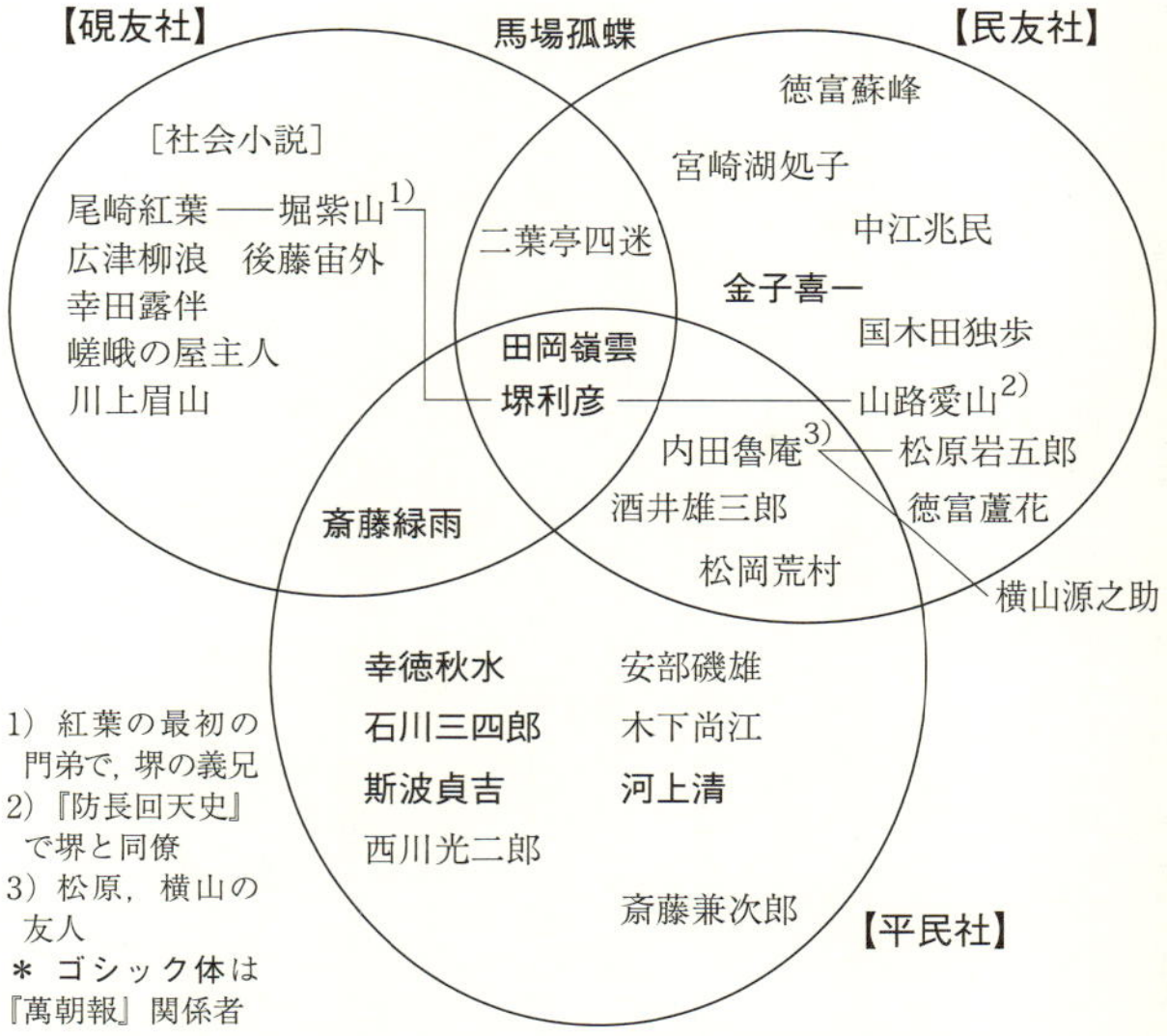

図 6-4　平民社同人をめぐる人の輪（西田毅・和田守・山田博光・北野昭彦編『民友社とその時代』，山泉進『平民社の時代』，林尚男『平民社の人びと』，絲屋寿雄『日本社会主義運動思想史』，太田雅夫『初期社会主義史の研究』，宮武外骨・西田長寿『明治新聞雑誌関係者略伝』より）．

日本における最初の本格的反戦運動は、社会主義の意識を持って行われたが、平民社と週刊『平民新聞』の立っている基盤は、よりはるかに広く豊かな地平だった(図6－4)。

平民社の編集局には、中江兆民の書「文章経国大業不朽盛事」(文章は経国の大業であり不朽の盛事なり)を掲げた。幸徳の文章はリズム感のある漢文調で、名文家として名を知られていた。日露戦争に出征する兵士に語りかける論説「兵士

を送る」(一九〇四年二月一四日)は、

嗚呼従軍の兵士、諸君の田畝《でんぽ》は荒れん、諸君の業務は廃せられん、諸君の老親は独り門に倚《よ》り、諸君の妻児は空しく飢に泣く、而《しか》して諸君の生還は元より期《き》すべからざる也、而《しか》も諸君は行かざるべからず、行矣《いけ》、行て諸君の職分とする所を尽せ、一個の機械となつて働け、然れども露国の兵士も又人の子也、人の夫也、人の父也、諸君の同胞なる人類也、之を思ふて慎んで彼等に対して残暴の行あること勿《なか》れ。

と人道主義に訴える文語調の文章は、読者に迫る力強さを発揮している。この新聞は全体に説得を旨とした論理的明解さを求めたため、文語調・欧文直訳調が主となったが、伊藤銀月や西川光二郎、金子喜一らは言文一致体で発表した。地方からの投書や「記者」(おそらく幸徳や堺)が書く身辺記録は言文一致体で、わかりやすい文章が綴られている。『東京朝日新聞』や『国民新聞』などがまだ文語調のみで編成している時期に新鮮な紙面となっていた。

中等教育とメディアの変化

「戦争」という題材への興味から新聞が関心をよび、「活字文化」の日常生活への登場をもたらした。それを支えたのは小学校卒業生の増加である。一九〇〇年に初等科四年となり義務教育とされた。以後小学校への就学率は高まり、一九〇二年には九割を超えたと公称されている。実際にはそれほど高くなかったが、「読み・書き・算術」の基礎能力を身につけた民衆が、小学校制度により着実に増えていた。

次に「中等学校」の普及と定着が挙げられる。「中等学校」とは、男子の中学校、女子の高等女学校、商業や工業などの実業学校を指すが、一八八〇年代では小学校と高等教育機関との間での位置が不明確だった。一八九四年九月「尋常中学校入学規定改正」で初めて、入学資格が高等小学校第二学年修了となり、小学校－尋常中学という教育課程が直結することになった。一八九九年に中学校令・高等女学校令・実業学校令が制定され、「中等学校」への進学により、さらに高等教育機関(帝国大学、専門学校、陸軍士官学校、海軍兵学校など)へ進んだり、職業につくなど、「進路切り換えの転轍機《てんてつき》」(土方苑子「中等学校の設置と地方都市」)としての役割を果たすことになり、人々にも可視化されることとなった。

中学校は、一八九一年には県庁所在地などに五五校しかなかったが、一八九二年以降の一〇

表 6-1　中等学校設置数と在学者数(1894～1903 年)

年度	中学校		高等女学校		実業学校	
	校数	在学者数	校数	在学者数	校数	在学者数
1894	82	22,515	14	2,314	32	4,744
1895	96	30,871	15	2,897	55	6,132
1896	121	40,778	19	4,152	77	9,479
1897	157	52,671	26	6,799	95	11,889
1898	169	61,632	34	8,589	109	12,917
1899	191	69,179	37	8,857	121	15,882
1900	218	78,315	52	11,984	139	16,981
1901	242	88,391	70	17,540	172	21,808
1902	258	95,027	80	21,523	218	26,842
1903	269	98,000	91	25,719	240	31,160

注：実業学校には徒弟学校も含む.
総務庁統計局監修『日本長期統計総覧』第 5 巻より．原史料は文部省「学校基本調査」.

年間で一挙に増設されて、全国二〇〇校を超えるという中学校増設のピークを迎えた。増設一八七校の四分の一は市に、四分の三は郡に設置された。高等女学校は、一八九九年高等女学校令が府県立高等女学校設置を義務化したため、一八九六年の全国一九校から一九〇二年には同八〇校へと四倍化した。実業学校も、同年間に七七校から二一八校へと三倍近く増えている。

三種の中等学校合計の在学者数も比例して増え、一八九四年の二万九五七三人が一九〇三年には一五万四八七九人へと五倍にも急増した(表6-1)。在学年数五年とすると毎年三万人の中等教育修了者が社会に出ていくことになる。一九四八年に発足した新制大学は一九五一年度に在学生四〇万人となる。一九〇三年の一五万人はそれに匹敵する社会的知識集団だった。

県庁所在地などに偏在する中学校に進学するのは、下宿生活をしながら勉学できる者だけだった。夏目漱石が「坊っちゃん」で描く中学校生徒と師範学校生徒の衝突は、家に財力あり、次の高等教育機関に進む予定の子弟と、財力がないため学費も官給される生徒との対立であった。日清戦後の中等学校増設が郡部の町で行われたことは、家から通学する生徒を増加させた。日清戦後に顕著になる「中等学校」卒業生の増加が、「活字文化」の定着の要因である。欧米の書物や月遅れの情報を翻訳する近代初頭の情報環境への不満を持つようになった「新知識」である中等学校卒業生。彼らを満足させる、リアルタイムの情報伝達としての、外国通信機関との直結。それが、日清戦後の各紙を巻き込む「ルーター」社との契約の背景である。

第7章　日露戦争と韓国併合

「軍神」広瀬武夫・杉野孫七像(1910年建立．東京市万世橋広場)．第二回旅順港閉塞作戦で戦死した広瀬は，海軍と新聞の手で「軍神」と祭り上げられた(『東京原風景』)．

1　押し開けられた扉

三国干渉

日清戦争は、一八八〇年代にアフリカ分割を終えた欧米諸列強の目を再びアジアに向けさせることになった。最初の現れが、いわゆる三国干渉である。下関講和条約調印直前から欧米諸国は危険な動きを見せており、その情報は陸奥外相のもとには届いていた。一八九五(明治二八)年三月二八日から列強の駐日公使は、講和条件について尋ね始めるが、陸奥外相(広島)は、休戦条約が成立したのでもはや回答は不要、と外務省に指示していた。しかし清国から講和条件が漏れ始めると、これは「暗に各国の(シムパッシー)を博し各国の力をかり日本の要求を減少せしめんとする陰謀」と陸奥は判断し、英米仏露駐在の日本公使に、講和条件を各国に伝えよと命じ、四カ国の駐日公使にも条件を事前開示した(独伊へは一日遅れ)。

列強政府の意向は芳《かんば》しくなかった。四月三日、ロシア公使は林董《ただす》外務次官から、奉天省南部分割と聞き「不快の顔色を為」し、「この箇条は欧州各国の感情を害し干渉の口実を与え」るものと率直な意見を述べた。一三日にはフランスが澎湖諸島割譲に対し、ロシアと共同抗議を協議中と、西徳二郎駐露公使が伝えてくる。ドイツは、日本が「特別なる経済的利益を求め」るならば「大にこれに反抗すべし」との観測を、青木周蔵駐独公使が伝えた。フランスの動きは、明治天皇も不安を持ち、露仏が「連帯して妨害せんとの意味」ではないかと、陸奥に問い合わせ電報を送った。一七日、青木駐独公使は、「独乙《ドイツ》国は甲鉄艦一艘を東洋へ廻走することに決定」した、と驚くべき情報を伝えてきた。同日下関講和条約に調印すると、陸奥は欧米各国と朝鮮に駐在する公使ほかに宛てて、天皇への上奏前であるにもかかわらず、調印の事実と大要を各国政府に伝え、動きを知らせよ、と打電した。陸奥自身、列強の共同干渉という危機を感じていたからだろう。しかし危機に対処すべきだ、とは陸奥は言わなかった。下関講和条約の調印を翌一八日天皇に上奏し、嘉尚《かしょう》の言葉を受けたのは、陸奥の楽観論の結果である。

日本には未着だったが、ヨーロッパでは次のような情報が流れていた。四月二二日のロシア紙『ジュルナル・ド・サン・ペテルスブルグ』は、ベルリン発の「至急電」なる記事で、ドイツは露仏と連合し、日清講和の条件、特に「日本が狙っている領土変更」について働きかけることを三月二三日から根回しして合意した、と報じた。二三日のドイツ紙『フランクフルター・ツァイトゥング』も、ドイツが主導して連合が作られつつある、と報じている。

上奏二日後の二〇日朝、ドイツ駐日公使が、他の公使と共同して外相に「直接に申上《もうしあげ》度《た》き緊要事件あり」と外務省に伝えるが、陸奥は、病気なので公使たちと面会できない、と林に答える。陸奥から林次官への指示は、ドイツ公使の申し出は「余り重大なる事柄とも思われず又各国連合の勢いありとも思われず」と楽観的なものだった。

二一日夜中に、青木公使から長文の電報(前半)が届き、陸奥を驚かせた。青木は、ドイツ外相の意向は突然変じ、旅順領有反対を告げている、と報告してきたのである。二二日午後には、青木電報の後半が届き、「今や独逸国は日本に反対して他諸国と共に運動すべしと言明せり」と共同申し入れを伝えてきた。同日午後西駐露公使からも「万一我が要求する所の土地の境界が鴨緑江まで達するものとせば」「欧州諸国より手強《てごわ》き干渉」の覚悟が必要、との意見が届く。

陸奥の方針はまだ強硬だった。二三日朝、陸奥は林次官に、時間稼ぎをしながら、三週間以内に予定の批准書交換を優先する、と指示した。伊藤首相にも「欧州各大国より強き干渉の来るべきは到底免れざる」と伝え、「我政府は最初騎虎《きこ》の勢なれば如何なる危険あるも」強硬姿勢で臨むほかに策なし、と打電する。伊藤もこの時点では陸奥に賛成していた。

無条件還付へ

二三日、露独仏の三国公使は、林外務次官に覚書を渡す。直ちに林は、伊藤と陸奥に、三国の要求は「金州半島を日本が永久所有することは支那の都を危《あや》うし朝鮮の独立を有名無実となす故」半島領有の撤回だ、と報告した。この時陸奥は、①三国の勧告を拒み、②その真意を探り、③「我が軍民が如何に趨傾《すうけい》するやを察する」という考え(『蹇蹇録』)から、英米伊の力を借りて対抗する構想を持って、駐在公使に指示している。

伊藤首相の反応は違った。翌日早朝より御前会議を開くことを決めたのである。しかし、講和条約調印で大きな仕事は終わったと判断していた伊藤たちは、大事件が起きるとは思わず、閣僚が分散するのを許していた。この時広島に滞在していたのは、天皇と閣僚三人だけしかいなかった。伊藤は、舞子で療養中の陸奥外相に、御前会議を予定するので意見を出せ、と打電した。翌日朝、陸奥はまず拒否の方針で臨むことを求め、外務省顧問デニソン(米国人)を神戸から呼んで「相談の上」回答案を作らせるので、御前会議の即決を避けるよう求めた。陸奥は、同日二回目の電報でも、①デニソンと返答の英文を作成中、②フランス政府は「格別熱心ならざる」様子、③三国政府も「未だ充分一致の働らきを為すべき用意なきが如し」、と伊藤に進言している。陸奥はこの段階でさえ楽観的だった。②の情報は、曾禰《そね》荒助《あらすけ》駐仏公使の、フランス外相は独露と共同で干渉する要点について率直に話さなかった、という電報に基づいているが、特に熱心なわけではないと判断する根拠としては薄弱だった。

二四日午前一〇時から開催した御前会議は一時間ほど議論した(『明治天皇紀』八)。伊藤提案は三つ。①勧告を拒否、②「列国会議」を開き遼東半島問題を処理、③三国干渉を受け入れ、遼東半島を「恩恵的に還付」、というもので、①は「我が陸海軍はその主力を尽くして出征し、内地の軍備殆ど空虚なるのみならず、兵士は疲労し、軍需は欠乏し」、一国が相手でも対抗できる軍事力はない、という判断から、誰も賛成しなかった。③は「怯懦《きょうだ》の嫌《きらい》」があるというので退けられ、結局②案に内決した。

御前会議の結果を持って、伊藤はその夜舞子をめざした。陸奥は、京都滞在中の松方蔵相と

図 7-1　鉄道遊び―興味深い一行(ビゴー画，1898 年 3 月)．三国干渉後，英仏露独(左から)の租借地設定・拡大と鉄道利権獲得が進んだが，そのきっかけは日清戦争だったので不満顔の日本(右端)．

野村靖内相に来訪要請し、二五日早朝から伊藤・松方・陸奥・野村による、いわゆる「舞子会議」が開かれる。陸奥の、拒絶論は、伊藤に無謀と反駁され、撤回となる。陸奥は、②案には同意できない、さらに新干渉を導くと述べて、これには伊藤らも首肯した。採用されたのは、三国干渉と清国との講和を分離し、前者は譲歩するが、後者は「一直線にその方針を追う」となった。清国には強硬に出て、三国には様子見をしようというのである。

陸奥は、英国の協力を得ようと、加藤高明《たかあき》駐英公使に意向を尋ねさせたが、英国政府は協力しない、との情報が伝わる。さらに、遼東半島のうち金州庁以外を放棄する、というロシアへの譲歩案も拒否された。

五月四日、伊藤・松方・西郷・野村・陸奥と樺山海軍軍令部長の六人によるいわゆる「京都会議」を開き、無条件で還付し、後日の外交交渉に任せるという陸奥提案が決議となり、在京中の天皇にも承認された。こうして三国干渉は、日本が圧力に屈した形で終わった。

陸奥や伊藤は、列強の干渉を極度に警戒し、講和条件なども四月三日まで明かさず進めてきたが、最後の段階で遂に列強の共同干渉が現れた。列強のアジアへの関心を呼び起こした、という点で、日本の外交的失敗であり、アジア諸国にとっては、次の危機へと、閉じられていた扉が開くことになる。四月二三日付『タイムズ』は、日清戦争と下関講和条約を評価して、「中国が今後も眠れるままであることが保証されていたならば、日本が突如その陸海軍力の意識に目覚めそれを使い始めなかったならば、おそらくわが国はこの二、三世代の間行ってきたとおりのことを続けることができており幸せだっただろう。しかしもう元に戻ることはできない。極東には新しい世界が誕生したのだ。われわれはそれと共存し、最大限に利用しなければならない」と、日本がこじ開けた扉をさらに開け、利権を獲得していくことを宣言した。

押し開けられた扉

ドイツのある新聞は、清国の歳入三億マルクのうち二三%が賠償金や外国への借金返済に充てられるはずだという予測を紹介している(『フランクフルター・ツァイトゥング』一八九五年四月三〇日)。日清戦争の賠償金支払いに困窮した清国は、一八九五年七月、仏露の四億フラン共同借款を受け入れる(三六年間返済)。次いで翌年、英独も一六〇〇万ポンドの共同借款を提供した(三六年間返済)。財政的に破綻していた清国は、日本への二億両《テール》もの賠償金支払いで、諸列強の金融に依存する構造となっていった。

同年五月ニコライ二世の戴冠式に出席した李鴻章は、露清条約を結ぶ。秘密条約では、東清鉄道の敷設権を認めるとともに、日本に対する共同防衛を約し、日本のさらなる攻勢を防ごうとした。その後清国では、九七年の淮河《わいが》水害、九八年の黄河決壊と水害、九九年から翌年の華

図 **7-2**　列強の中国侵出

北地方旱魃《かんばつ》、と相次ぐ災害、欧米諸国の金銀複本位制離脱による銀貨低落も加わっての物価上昇など、生活の困窮化の深刻さと流民の増大を招き、国内不安が増していった。

軍事的にも財政的、社会的にも清国が弱体化していることが明白になってきたこの時期に、アフリカ分割に乗り遅れたドイツがまず動き出した。一八九六年一二月、五〇年間の膠州《こうしゅう》湾租借を要求し、翌年には実力で膠州湾を占領した。また九八年三月には英独の第二次共同借款一六〇〇万ポンドが成立した。飴と鞭を与えられた清国は、借款成立の五日後、膠州湾九九年間租借の条約に調印し、鉄道敷設権や鉱山採掘権も含んだ経済的収奪も認めた。その三日前にはロシアも、旅順・大連の港を二五年間租借し、東清鉄道の南満線敷設も認めさせていた。四月に入るとフランスが、広州湾租借と雲南鉄道敷設権を要求し、二週間後広州湾を占領した。英国は、六月香港の対岸である九龍半島の九九年間租借、七月威海衛《いかいえい》の二五年間租借を認めさせた。一八九八年の春から夏、清国は諸列強の軍事的圧力に脅かされ、次々と屈服していく。

東アジアの情勢に刺激された米国も、九八年、スペインに戦争を仕掛け、キューバとフィリピンを、スペインから切り離し、自らの勢力圏とすることに成功した。この時自ら「荒馬乗り聯隊」を率いてキューバでの派手な戦闘で民衆の喝采を浴びた冒険主義の「英雄」がセオドア・ルーズベルト海軍少佐であった。この米西戦争は、米国にとって対外的にはカリブ海から太平洋西岸に至るまでの勢力圏を確保、国内的には南北戦争の傷跡を修復し、協力から和解への道を歩み始めた、という大きな意味がある。さらに翌九九年、清国の「門戸開放宣言」を各国に通知し、東アジア分割競争に参加することを宣言した。

閔妃暗殺事件

日清戦争が終わって半年後の一八九五年一〇月八日、漢城で大事件が起きた。一四日、『ニューヨーク・ヘラルド』「王妃殺害の全容」という記事は、「日本人は王妃の部屋に押し入り、王妃閔妃《ミンビ》と内大臣、女性三人を殺害した」という第一報を一〇日漢城から発信したが、東京で差し止められていた、と報じ、「王妃殺害を企てたのは、大院君を支持する朝鮮人の一派と無責任な日本の壮士だ」と断定した。

国際的非難を受けた日本政府は、三浦梧楼《ごろう》駐韓公使を召還し、関係者とともに裁判(広島地方裁判所)に付したが、世界史に類のない蛮行であるにもかかわらず、「証拠十分ならず」として四八人全員無罪・免訴という最悪の結果となった。

免訴となった一人、杉村濬《ふかし》公使館一等書記官は、事件の「手段は遥《はるか》に昨年七月の挙より穏和なり」とし、「政府は既に昨年の挙を是認したる已上《いじょう》は、後任公使がその例に倣《なら》って行いたる本年の挙もまたこれを責むるを得ざるもの」(『秘書類纂』朝鮮交渉資料)と、予審判事に述べている。「昨年の挙」とは「七月二三日戦争」を指し、これが謀略そのものであったことを当事者の杉村書記官が確認していることになる。

これ以後、朝鮮では反日感情がいっそう高まるとともに、国王高宗《コジョン》と、穏健開化派と親露派の連立による金弘集《キムホンジプ》内閣が進める急進的改革、特に同年一二月末に公布の断髪令や翌年一月の陽暦採用などの開化政策への反発が強まり、各地の儒者たちと農民が結びつき、反日反開化を旗印に義兵を起こした。のちの韓国軍解散による義兵と区別して「初期義兵」と呼ばれる。

露館播遷から大韓帝国へ

民衆の強い反発を見た親露派は、一八九六年二月、国王高宗と世子《せいし》をロシア公使館に避難させた(露館播遷)。日本の影響力は後退し、金弘集内閣は崩壊して、親露派政権が登場した。改革策は挫折し、守旧策が復活することとなった。

一年後の四月、慶運宮に戻った国王高宗は、八月に年号を光武とし、一〇月には国号を大韓帝国(大韓)と改め、戴冠式を行って皇帝に就任した。大韓皇帝は、清国の皇帝や日本の天皇と同格を誇示し、世界各国と同等の国家をめざして進もうという宣言であった。九九年制定の「大韓国国制」は、「大韓国は世界万国の公認したる自由独立の帝国なり」(第一条)と自立した帝国と宣言し、その政治は「専制政治」(第二条)、「皇帝は無限の君権を享有《きょうゆう》す」(第三条)と、皇帝による専制政治を行うことを明確にしている。皇帝高宗による「光武改革」は、旧制度を基本に、新しいものを参酌する「旧本新参」を施政の原則とする復古主義的な面も持っていたが、軍備増強・量田事業(土地測量を行い、所有権を認める地契を発給)・貨幣金融制度の改革をはじめ、繊維・鉱業・運輸などの産業振興策が実施されて、実業教育や外国への留学生派遣も積極的に行われた。しかし、膨大な支出を支える税収には乏しく、中央銀行設立や鉄道建設などの資金は、外国からの借款に依存せざるを得なかった。高宗の考えは、列国協同借款を成立させ、勢力均衡状態を作り、大韓への浸潤を防ごうというものだったが、協同借款は実現できず、かえって列国の競争が激化することになった。

独立協会運動と「国民」形成

一八九六年四月、徐載弼《ソジェピル》は、全文ハングル文字の『独立新聞』を創刊した。漢字を読めない人も読める新聞をめざした徐は、甲申事変に挫折した亡命知識人で、この年米国から帰国し、独立を意識させた「国民」形成を図ろうとしていた。七月、開化派官僚や知識人によって、独立協会という運動団体が作られると、『独立新聞』はその機関紙的存在となる。

漢城府西郊には、宗主国の使者を迎える迎恩門《げいおんもん》と慕華館《ぼかかん》があった。高宗と政府は、帝国の自立を誇示するため、迎恩門を壊して「独立門」を建設、さらに慕華館を改修して独立館とし、一帯を集会のできる公園とする計画を出した。独立協会の運動は、これに下から応えるものだった。独立館では、教育や産業、議会開設などが活発に議論される集会が開かれ、国民意識形成への啓蒙の役割を果たしていった。

一八九八年になると、独立協会は啓蒙から政治運動へ傾斜し、三月には一万人を集めて万民共同会を開催し、政府にロシア人顧問採用取り消しを要求した。この集会は、朝鮮最初の近代的民衆大会となった。以後しばしば万民共同会が開かれ、国権と国益を守ろうという運動が続けられた。独立協会は、会員四〇〇〇名余という大規模な団体に成長していったが、政府内の守旧派大臣らにより弾圧が企図される。一二月末には軍隊による万民共同会の解散、翌九九年、独立協会に解散命令、『独立新聞』も廃刊となった。漢城市民は、万民共同会を独自開催し、五〇日余り示威籠城で抵抗したが、軍隊により封殺された。

北清事変

諸列強の中国分割が進む中、清国改革派の康有為《こうゆうい》らは、日清戦争時に続き、一八九七年一二月に諸列強の干渉に抗して速やかに改革すべきだという上書を皇帝に行った。翌年六月光緒帝は「変法自強《へんぽうじきょう》」を宣布し、改革を宣言する。康有為らを登用した「戊戌変法《ぼじゅつ》」という改革策が実施されたが、九月には西太后《せいたいこう》派が巻き返し、失敗に終わる(「百日維新」)。

康有為らは、改革を進めないと民衆蜂起の危険性があると指摘していたが、九八年五月に義民会が、河北省・山東省境で欧米人の排外運動を始め、一一月には湖北で「滅洋」のスローガンのもと、キリスト教会などを焼き討ちし、湖南にまで広がり、翌年一月まで続いた。列強の侵略と経済的危機の深化が、民衆を暴動へと導きつつあった。

それらが大きな流れとなったのが、一八九九年の山東省である。山東省は、日清戦争賠償金の保障として日本が三年間軍事占領していた土地であり、また九八年にドイツ(膠州湾)、イギリス(威海衛)による軍事・政治・経済的侵略の焦点となっていた地域であった。山東省西部で、一八九九年三月、義和団が蜂起し、ドイツ軍と衝突した。彼らは「替天行道、護国滅洋」という旗を掲げ、次第に強力な勢力となっていき、翌年五月には首都の安全が脅かされるまでになった。六月から八月まで五六日間、北京の公使館街(東交民巷《とうこうみんこう》)は義和団により封鎖された。

七月、八カ国連合国軍二万人(半数は日本軍)が天津を攻略し、八月一四日には北京に入城した。公使館区域を包囲している義和団が駆逐され、西太后は光緒帝と共に宮廷を脱し、西安に向かった。連合国軍は、三日間兵士に略奪を許可したため、北京は暴行や略奪が横行する無法地帯と化した。同軍は、さらに北京西方一帯に出兵し、一カ年間華北の軍事占領を続けた。

また義和団で混乱する清国の状況を見て、日本政府では南清への侵略計画が姿を見せ始めた。八月一〇日、山県内閣は、居留民保護のための廈門《アモイ》出兵を決定し、一方で青木外相は「廈門又は福州において都合能《よ》く排外運動を起さしむる工夫ありや」と児玉源太郎台湾総督に打電し、陰謀を示唆した。背景には、山県首相が青木外相に提案した意見書「北清事変善後策」があった。「北守南進の国是」をうたい、「先ず南方の一兎を追いこれを獲るの後再び北方の一兎を追うも未だ晩《おそ》しとなさざるなり」との立場から台湾島対岸の福建省(省都は福州、同省南部に廈門)とその北側にある浙江省(省都は杭州)の占領と勢力範囲化を提案していた。二四日、台湾総督府の陰謀で、東本願寺廈門布教所焼失事件が起き、直ちに軍艦から陸戦隊が上陸した。欧米列強は強く抗議し、中でもイギリスは陸戦隊を派遣したため、日本軍の増派は不可能となった。結局、日英同時撤兵が実行され、廈門事件は終わった。日本は南清への侵略政策を放棄して経済的勢力育成策に転じ、もう一度「北進南守」路線へと戻ることになる。

ロシアの満州占領

一九〇〇年六月以降、義和団の勢いは満州に達し、東清鉄道の破壊や守備兵との衝突など、ロシアの権益を排除しようとする動きが強まった。ロシア政府は七月、満州出兵を開始し、一〇月には全満州を占領した。

ロシアの満州侵攻は利権獲得に進むという判断をした小村寿太郎駐露公使、林権助《ごんすけ》駐韓公使らは、韓国問題のみをロシアと交渉してきた方針を捨て、満州問題と韓国問題をセットにし

（満韓不可分）、相互に満州と韓国を完全確保する（満韓交換）という新方針を考え出す。韓国問題を日本に有利に解決するためには、満州問題を引き込んで対等の問題として交渉しなければ、ロシアの譲歩は得られないとする分析だった。ロシアの利権を黙認する代償に韓国を確保する、という考え方には、ロシアの満州占領は日本の危機である、という後の日本が大義名分とする判断はない。また政府首脳や元勲は、ロシアの満州侵出に危機感を抱きつつも、それへの対抗を考えていない段階だった。イズヴォリスキー駐日ロシア公使は、韓国を二分して、日露両国が出兵し義和団に対処する案を申し入れてきたが、青木外相が反対した。その後の対処をめぐって内閣はまとまらず、九月に第二次山県内閣は総辞職する。

同盟・協商の模索

政友会を基盤にして、一〇月、第四次伊藤博文内閣が発足し、外相には外務官僚加藤高明が就任した。加藤外相は、成立したばかりの英独協商（揚子江協定）に参加すると発表した。この協商は清国の門戸開放・領土保全を定めていたので、その圧力でロシアの軍事侵攻を阻止する考えだが、満州に不適用となったため、目論見は失敗する。

翌一九〇一年三月、伊藤は、山県・西郷・松方を集め元勲会議を開いた。会議は、ロシアは英独の反対を押し切って実力行動に移る可能性はない、と満州情勢を楽観視して、日露協商を交渉する一方、清国南部への侵出・確保をめざす、という「北守南進論」を再び採用した。この頃、ドイツは極東における勢力均衡を求めて日英独の三国同盟を提案しており、山県は伊藤宛の意見書「東洋同盟論」で、三国同盟に賛成していた。成立すれば、東アジアにおける日本の立場は強くなるが、それを強力に進められるほど、国内政情は安定していなかった。

外国軍の北京駐屯

一九〇一年九月、清国と一一カ国との間で辛丑《しんちゅう》条約（北京議定書）が調印された。その内容は、①列国への謝罪使派遣、②兵器弾薬・製造資材の輸入禁止、③賠償金四億五〇〇〇万両支払い、④公使館防衛のため各国軍総計二〇〇〇人の配置、⑤大沽《タークー》砲台等撤去、⑥天津、山海関、北京等要地への各国駐兵権、⑦通商航海条約改定、など一二カ条に及び、厳しいものであった。清国は経済的にも軍事的にもいっそう窮地に立たされる結果となったが、清国の実情を知った諸列強は、清国に対する圧力をかえって手控え、圧力の裡《うち》にも清国政府を支持する方向で政策修正をしていった。清国総税務司である英国人ロバート・ハートは、義和団を「愛国者」と認め、この事件は「一世紀にわたる変動の序曲であり、極東の将来の歴史の基調をなすものである。紀元二〇〇〇年の中国は一九〇〇年の中国とはまるでちがっているだろう」（『フォートナイトリー・レヴュー』誌）との感想を述べている。ナショナリストの山路《やまじ》愛山《あいざん》も「拳匪の運動において美《うる》わしい支那魂を発見した」（『支那論』民友社、一九一六年）と高く評価した。

巨額の賠償金（いわゆる「団匪賠償金」）も、その後性格を変えることになった。一九〇八年アメリカが、中国人留学生の資金に充てるなど文化的政策の見返りを実施し、一九一一年には留学生を育てる清華学堂を建設し(一九一一年国立清華大学)、イギリスなど各国も続いた。日本はようやく第一次世界大戦後に文化的政策の必要を認め、一九二三年対支文化事業特別会計法を制定し、賠償金を「対支文化事業」に充て、外務省に対支文化事業局を設置した。この資金により一九二九年東方文化学院が設立され、東京と京都に研究所を設置し、中国研究の中心に成長していく(一九四五年敗戦後、東大東洋文化研究所と京大人文科学研究所東方部に再編)。

一九〇一年、列国司令官会議により日本軍は、河北省の灤州《らんしゅう》と昌黎《しょうれい》が割り当てられ、同年清国駐屯軍(一九一二年支那駐屯軍と改称)を編成し、司令部(天津)、約一五〇〇名の部隊(天津・北京・大沽・秦皇島・山海関など)を置いた。一八九八年に天津に日本専管の租界が設定され、一九〇一年以降軍隊の常駐で、軍事戦略的に重要な位置を確保する。

図 7-3　列強クラブの新入り(ビゴー画). 北清事変への共同出兵を経て, 日本は欧米列強国と肩を並べる帝国へと成長する. 椅子の七人は共同出兵国(英米露仏独伊墺).

一九〇〇年四月創刊された浪漫主義の雑誌『明星《みょうじょう》』、その一〇月号に主宰者与謝野鉄幹《よさのてっかん》は、

ひんがしに愚かなる国ひとつあり、いくさに勝ちて世
に侮《あなど》らる

大君の御民《みたみ》を死ににやる世なり、他人《ひと》のひきゐるいくさのなかへ
創《きず》を負ひて担架のうへに子は笑みぬ、嗚呼《ああ》わざはひや人を殺す道
おく霜をはらへばいまだくれなゐの、血しほ手に染《し》む山砲野砲

を「小生の詩」欄に書き、北清事変で兵士たちの血が流されたことを悼んだ。浪漫主義は兵士の死という現実を見て、心から叫ばざるを得ない、この情念を七年後与謝野晶子が共有する。

英露との並行交渉

一九〇一年六月、伊藤内閣総辞職の後を受けて、第一次内閣を組織した桂太郎陸軍大将の「政綱」は、①財政強化、②八万トンを限度とする海軍拡張、③欧州の一国と協約を締結、④「韓国は我が保護国たるの目的を達する事」とした(『公爵桂太郎伝』乾)。一九〇一年中には、外務官僚の「満韓不可分=満韓交換論」を元勲も承認していた。この方針に基づき、伊藤をロシアに派遣し日露協商の交渉を、林董駐英公使に日英同盟の交渉を開始させ、両国には他の交渉を秘密に進めるという二股交渉が、九月一一日の桂・伊藤・井上・山県会談で決まる。桂内閣や元勲は、日英同盟か日露協商かで対立していたのではなく、英露と協調して両方を成立させ、韓国を確保する考えだった。

日英同盟の成立

英国との交渉は一一月に急速に進展し、桂や山県は、まず日英同盟の妥結を図る方向に変わっていく。伊藤のロシア行きを知った英国が、二股交渉と疑っているのを

知ったからである。桂は、伊藤にロシアとは協議にとどめるよう打電した。伊藤はラムズドルフ露外相と交渉を開始するが、うまくいかなかった。一方、日英同盟は進捗しており、一二月元勲と桂・小村の会議で日英同盟修正案を承認し、天皇の裁可も得るまでに至った。

翌一九〇二年一月三〇日に日英同盟は調印される。その内容は、①清国と韓国の独立と領土保全、②第三国が参戦した場合にのみ同盟国との協同戦闘の義務、という事実上の軍事同盟であり、同時に日本が韓国に特殊権益を持つことをイギリスに承認させるものだった。

図 7-4　ロシアに立ち向かう日本(ビゴーの描いた絵葉書). 後押しは英国で, 背後で見守るのは米国. 戦争と講和の国際関係を見事に表現.

枢密院で批准された後、『官報』で告示されたのは二月一二日。同日桂太郎首相は、貴族院で調印を報告し、喝采を浴びた。桂の報告は「本条約の目的は全然平和」にあり、「両国における清国の権利及び韓国を擁護するに在る」と平和をもたらす日英協約という位置づけで説明したが、実際は「平和」に韓国の確保ができる、という宣言だった。日英同盟調印直前の一月二〇日、小村外相は栗野駐露公使に、韓国問題解決のための正式交渉を行う準備交渉を指示し、三月にも同じくロシアとの協調を希望し、日英同盟と日露協商は両立すると訓令している。日英同盟締結は、外交当局によっても未来の日露戦争対策だけではなかった。

大英帝国の戦略

この当時大英帝国の海外派遣軍団は一個で、インド兵やネパールのグルカ兵に依拠して国外の軍事発動を行っていた。日本軍も国外軍事力の一つとして認定されたのが義和団事件であり、その延長としての日英同盟であった。日本は、「パックス・ブリタニカ」を支えるアジアの軍隊となった。英国がそれ以上の役割を期待していなかったことは、その後の改定問題において、適用範囲拡大に英国が消極的だったことから明瞭である。

雪中行軍(一九〇二年一月の八甲田山事件)で予想される大陸での戦争が始まるのか、大英帝国との同盟によりロシアが軟化し、平和を維持できるのか、議論が盛んになっていく。

2　日露戦争

北京議定書調印後も、ロシアは満州から撤退しようとしなかった。ロシア政府は列

日露協商の模索

強の非難を受け、ようやく一九〇二年四月八日、満州撤兵協約が露清間に調印される。六カ月ごとに三つの地域から撤兵する内容だった。一〇月八日までの第一次撤兵は行われたが、翌年四月八日期限の第二次撤兵は実行されなかった。ロシア政府の勢力交代と極東政策の転換が原因だった。四月二一日、山県の別荘・無鄰庵《むりんあん》(京都南禅寺)で山県・伊

藤・桂・小村の会談が開かれ、「我は韓国において充分の権利を要求し、その交換として満州においては、彼にその経営の緒に就きたる範囲において、優勢なる譲歩をな」す、と決議した（『公爵桂太郎伝』乾）。「公平なる理論の根拠」による満韓交換論、というのが桂たちの考えだった。

六月二三日、元勲と主要閣僚を集めた御前会議が開かれ、小村外相の提案した「対露交渉に関する件」を承認した。小村提案は四月の無鄰庵会合を受け、ロシアと交渉して「韓国の安全を図り随《したがっ》て又満州における露国の行動を可成《なるべく》条約の範囲内に限」る日露協商案要領で、交渉路線を継続する決定である。日英同盟と日露協商という多角同盟・協商網への模索はまだ続いていた。陸軍では、この年に至っても大陸への攻勢作戦は研究案程度であり、田中義一《ぎいち》参謀本部員のような対露攻勢作戦は少数派で、大山巌参謀総長や松川敏胤《としたね》参謀本部第一部長などは朝鮮半島で迎撃する作戦を考えていた。海軍でも、山本権兵衛《ごんべえ》海相のように「韓国の如きはこれを失うも可なり。帝国は固有の領土を防衛すれば足れり」（谷寿夫『機密日露戦史』）と満韓問題を度外視する軍事官僚もいた。

第二次撤兵期限頃から、日本では対露強硬論が広がる。『東京朝日新聞』、『読売新聞』など多くの新聞が強硬外交に転じ、一九〇三年六月、東京帝大教授ら「七博士意見書」が、満州問題解決には対露強硬外交が必要だと政府を督励した。貴族院議長近衛《このえ》篤麿《あつまろ》、衆議院議員神鞭知常《こうむちともつね》、佐々友房《さっさともふさ》、頭山満らは、八月、対外硬同志会を対露同志会と改称し、明確に対露開戦を要求していく。開戦論に批判的だった『時事新報』や『中央新聞』も八月には、開戦論に転じる。

第三次撤兵期限の一〇月八日を過ぎても、ロシアが撤兵を実現しないことが明確になると、『毎日新聞』や『萬朝報』も開戦やむなし論に転じていった。一〇月下旬には徳富蘇峰の『国民新聞』も同調した。新聞各紙は、外交情報を正確に発表しない政府周辺で情報を探りながら、一般論としての対外硬から、主戦論へと陥っていった。

満韓交換論の追求

ロシア政府は、清国と交渉している満州問題に、日本が介入し、満韓交換問題とすることに不満があったが、一九〇三年六月、皇帝ニコライ二世は、日本の韓国統轄権を認める決意をし、クロパトキン陸相やペゾブラゾフ宮廷顧問官、アレクセーエフ極東総督らの旅順会議でも、軍事占領を続け将来の満州併合をめざし、韓国問題とは切り離す、という方針が定まった。満韓不可分=満韓交換論に立つ日本とはまだ距離があったが、戦争への道はまだ示されていない。一〇月、アレクセーエフ極東総督が、軍隊の動員許可を求めた際、ニコライは「日本とロシアの戦争を望まないし、この戦争を許さない。戦争がないようにすべての方策を取られたし」と厳命し、アレクセーエフから軍隊動員権を取りあげた。

一〇月から一二月にかけて日露交渉は続けられたが、満州問題を交渉の場に挙げないロシアと、満韓不可分=満韓交換論に立つ日本では妥協の道が見つからなかった。一二月、元勲・主要閣僚合同会議は、小村外相が提案した三案、①満州問題を分離し、韓国問題のみの交渉、②対等な満韓交換論、③日本に有利な満韓交換論(満州でのロシアの利権を制約)を検討した。山県は、戦争を回避できる②を支持したが、桂や小村は③を主張し、会議の結論となった。桂は、②も含めての交渉を考えていたが、一方で韓国問題の解決のためには「最後の手段(即ち戦争を以ても)」(山県宛書簡)とも述べ、開戦を覚悟していた。

日本が提出した③策に基づく修正提案は、ロシアの御前会議で、満州問題を入れて交渉継続、と歩み寄りを生み出す。日本では、③策の実現に戦争が選択肢として大きく現れ、一二月二八日緊急勅令「軍資補充のため臨時支出を為すの件」「京釜鉄道速成の件」など四件が公布され、戦争準備が一挙に進む。日本の戦争準備情報により、ロシア皇帝も極東諸州の動員下令、満州等の戒厳令施行などの戦争準備が一九〇四年一月八日に許可された。

一月六日、ロシアは修正案を提出した。満韓交換論に基づくものではあるが、ロシアに有利な内容で、韓国の軍事的使用の禁止、中立地帯の設定などが盛り込まれていた。八日、桂・小村・山本・寺内の閣僚会談では、対露交渉妥結は困難・交渉中断・独立行動の通告を求めた小村の意見書が承認され、一二日の御前会議に提出された。御前会議では、開戦が決定できず、再度ロシアと交渉すること、陸軍の韓国派兵は海軍の準備完了後、が決まったにとどまった。山県や伊藤は、韓国政府や皇帝を確保するための限定的派兵を求め、即時開戦を意味する派兵にはこの時点でも反対で、交渉継続が主張されていた。山本海相、小村外相も、この時点での陸軍の動員下令には反対で、寺内陸相の三個師団動員要求は認められなかった。

開戦決定

ロシア軍の極東増備が続き、対案提出が遅れる状況から、一月三〇日、桂・小村・山本と伊藤・山県の会談が行われ、開戦やむなしへと大きく踏み出した。この結論をもって、二月四日の御前会議は、元勲・内閣一致して開戦を決した。六日、栗野駐露公使は、ロシア政府に交渉中止と国交断絶に関する公文を提出した。事実上の宣戦布告である。

二月二日に皇帝の裁可を経、三日に旅順に送付されたロシアの妥協案は、日本が主張してきた、③日本に有利な満韓交換論に基づくものだったが、それが東京のローゼン駐日公使へ届かなかったのは、開戦を前にして満州地域で日本軍が行っていた電信線破壊のためではないかと推測されている。日露戦争は、両国にとって戦わなくてもよい戦争であった。

ナショナリズムと反戦

一九〇三年一二月、姉崎正治《あねざきまさはる》が雑誌『太陽』に執筆した論文「戦へ、大《おおい》に戦へ」は、「私闘でない、正々堂々自信と人格から湧て出る大獅子吼《ししく》の征戦」を日露開戦に求めていた。一七歳の文学青年石川一はこの論文に心酔し、「勇心禁ぜず、潜《ひそ》かにまのあたり御教訓を受くるの思いして、幾度か繰り返し候いけむ」と激賞し、「先生の説き玉《たま》う所は、体してもってわが生涯を貫くの精神たらざるべからずと感じ申候」と、大国ロシアに対抗するナショナリズムに感動する書簡を送った(一九〇四年一月二七日付、『啄木全集』)。

多くの国民が開戦やむなし論に傾き、戦争支持に積極的になる中でも、非戦論・反戦論を主張し続けたのは、平民社の週刊『平民新聞』だった。開戦直前の一九〇四年一月一七日号は「非戦特集号」で、幸徳秋水は社説「吾人は飽くまで戦争を非認す」を書き、反戦を訴えた。開戦後も、戦争反対の主張を続け、「非戦論を止めず」(一九〇四年二月一八日)などの論を掲載していた。第二〇号社説「嗚呼増税!」(三月二七日)で発行・編集人堺利彦の軽禁固二カ月の処分を受けるが、四月一六日、東京控訴院は第一審の発行停止処分を却下して、『平民新聞』が消えることはなかった。当局の方針が転換したのは第五二号(一一月六日)で、発行・編集人と印刷人が軽禁固となり、新聞自体の発行も禁止処分となった。翌一九〇五年一月、停刊中の『平民新聞』を自発的に廃刊し、二月五日から『直言』を後継紙として続刊する。

九カ月間にわたって苛烈な反戦・非戦の主張を続け、二月の開戦から一一月まで発行を続けられたのには二つの理由があった。第一は、日露戦争を文明と野蛮の戦いと宣伝していたので、政府は言論の自由を奪えなかったこと。第二は、弾圧でとりわけ英米の同情を失うわけにはいかない、という積極的な問題である。日露戦争の軍事費は、戦時下に五回募集された外債一〇億四二〇〇万円(英貨一億七〇〇〇万ポンド)が過半を占めている。一一月の弾圧までに、五月一〇日(六%利付一〇〇〇万ポンド)、一一月一〇日(同、一二〇〇万ポンド)の募集と予想外の外債募集に成功する。その後『直言』も、講和問題のため九月一〇日まで発行を続けた。いずれも欧米の非難回避である。

陸戦

参謀本部の作戦計画は、韓国の制圧と満州南部への上陸を経て、満州中部の遼陽を主戦場とし、大会戦によって短期に決着を付けるというものだったが、その予想は楽観的すぎたことがいずれ判明し、作戦計画の根本的建て直しに迫られることになる。

陸軍は、第一軍(三個師団。韓国から鴨緑江を渡り、主戦場予定地の満州・遼陽へ向かう計画)、第二軍(三個師団。三月、二個師団と騎兵第一旅団を増加。満州地域から遼陽へ向かう計画)、第三軍(五月三一日編成。二個師団、七月、一一月に各一個師団を増加。旅順攻略の後遼陽へ向かう計画)、第四軍(六月三〇日編成。二個師団と一個旅団。遼陽へ向かう計画)を編成して、攻略作戦を経ていった。

戦闘は熾烈で、兵士の戦死・戦傷も予想よりはるかに多く、多数の補充の必要に迫られた陸軍では、一九〇四年九月、山県参謀総長と寺内陸相の協議で、急遽四個師団を増設(第一三〜第一六)する一方、同月徴兵令を改正して五年間の後備役を倍の一〇年間に延長し、三七歳までの入営(現役)経験者を召集することにした。後備歩兵四八個大隊(四個師団分)の編制が可能になったが、すでに能力以上の兵力編制であった。

それぞれの攻略作戦を経て、予定主戦場への集結をなす頃、六月二〇日に大山巌陸軍大将を総司令官、児玉源太郎陸軍大将を総参謀長とする満州軍総司令部が編成され、戦場に到着した。

開戦半年後、遼陽の戦場に第三軍以外の軍が到着し、遼陽会戦（八月二八日〜九月四日）を戦う。日本軍一三万余、ロシア軍二二万余の軍隊が戦場で激突し、日本軍の死傷者二万三五〇〇名、ロシア軍の死傷者約二万名という大損害を出して、九月三日ロシア軍は総退却し、翌四日日本軍は遼陽を占領した。

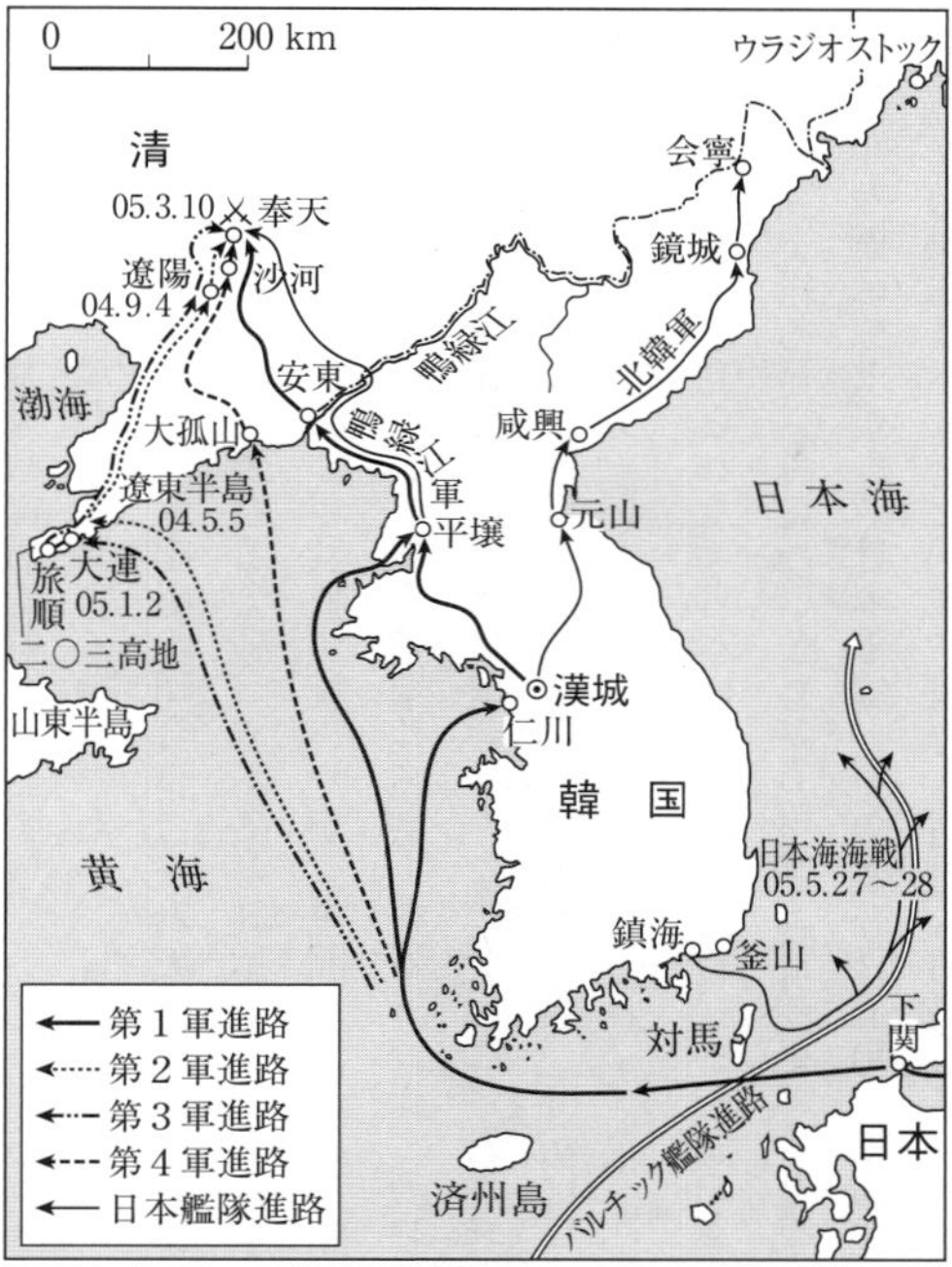

図 7-5　日露戦争経過図

この間第三軍（司令官・乃木《のぎ》希典《まれすけ》）は旅順攻略で苦戦して、遼陽会戦には間に合わず、三回の総攻撃も大損害を受けて、失敗が続いたが、一九〇五年一月一三日旅順を占領した。延べ人員一三万名の第三軍は戦死者一万五三九〇名、負傷者四万三九一四名、戦病者約三万名と、七割にものぼる大損害を出して、旅順攻略戦を終えた。

遼陽会戦の後、兵力と弾薬等の補給のため、日本軍もロシア軍も、それぞれ遼陽と沙河《さか》付近で対峙していた。二月、大山巌総司令官は、奉天付近での全軍を挙げての作戦を指示し、この会戦が「最重要中の重要なる会戦」であると訓示して、大打撃を与えることを求めた。三月一日から全面的攻勢となり、激戦が続いたが、包囲・潰滅の危険性を避けるため、ロシア軍は鉄嶺へ退却していく。ロシア軍を追撃する戦力がもうなかった日本軍は、一〇日に奉天を占領、一六日に鉄嶺を占領して、会戦は終わった(奉天会戦)。参加兵力は、日本軍二五万、ロシア軍三二万で、死傷者は日本軍七万名、ロシア軍六万名、ほかにロシア軍は二万名の捕虜を出した。

こうして日露戦争の陸戦はほぼ終わる。フランスの新聞『ル・タン』三月一五日は、「戦争の運命は今や決定せられた。日本は制海権を占め、また満州を掌握した。露国は到底現戦争において勝利を得る見込みはない」(外務省編『小村外交史』より再引)と戦争の帰趨を断じ、日本に講和条件の提示を求めた。日本軍は、その後五月上旬、鉄嶺北方の開原まで前進したが、それ以上の攻略作戦は不可能で、既に戦力も国力も枯渇していた。

3　講和への動き

戦場と遺骨

一九〇四年五月、奥保鞏の第三軍は、旅順攻撃の一環として南山を攻略し、二五日だけで死傷者四三八七人という損失を出しつつ、翌日ようやく占領した。その二五日陸軍省は、参謀総長に「戦場掃除及戦死者埋葬規則」案を提出し、三〇日同規則を制定。日清戦争以上に戦死者も拡大することが実感された上での新規則制定だった。

この規則で、「敵国軍隊所属者」の扱いを決めていることも、「国際法遵守国」日本、というイメージを意識したものだった。日本軍は火葬だが、敵国軍隊は土葬とし、宗教の相違に注意を払っている。同規則は、戦没者の遺骨を留守師団か役所に送るよう指示していたが、部隊の中には、遺骨や遺髪を新聞紙やハンカチ、タバコの空き箱などに収めて遺族に直送する例が続出し「大に国民の感情を害し延《ひい》て軍隊に及ぼす所の影響少からざる」ものがあると、石本新六陸軍次官は指摘し、改善を各軍に命じた（一九〇四年六月）。「国民の感情」に配慮することが、軍隊には必要であると明確に認識せざるを得ない大戦争となっていた。

図 **7-6**　ロシア兵のヒューマニティ．負傷した日本将校を救出するロシア軍兵士，と説明され，西洋では両軍の戦闘模様が公平に伝えられた（『絵入りロンドン・ニュース』）．

山県意見書

奉天占領を知った大本営陸軍参謀部は、一九〇五年三月一一日「三月十一日以後における作戦方針」を策定し、同日桂首相と寺内陸相の同意を得て、山県参謀総長に提出した。内容は「第一、可成速《なるべくすみやか》に鉄嶺を占領するを要す」「第二、速かに浦塩斯徳《ウラジオストック》方面を占領するを要す」「第三、適宜の時季に樺太島を占領するを要す」の三項目である。

この方針はすぐさま大山巌満州軍総司令官のもとに届けられた。一四日に大山は、山県に宛て一通の電報を打つ。奉天会戦は「一大戦勝」となり、敵は一四、五万の損傷を補充するのに相当時間がかかるが、日本軍も同じだ。次の方針である奉天から鉄嶺に至る作戦は、「兵站の施設上至大の準備を要す」るが、「益々進《すすん》で敵を急追すべきや果た持久作戦の方針を取るべきやは一に政策と一致する」必要がある、と断言する。大山は、政戦一致を求めて、事実上一一日の「作戦方針」の再検討を要求していた。大山電報は山県に相当ショックを与えたのだろうか。山県は、即日上奏している。

山県は寺内陸相と協議の上、二三日、桂首相に「政戦両略概論」なる意見書を提出し、「大体この方針にて将来計画を立てるの覚悟に候」と強い意志を告げた。大山電報から一〇日もって山県の方針はようやく固まったのである。二六〇〇字の意見書は、①戦争の現状、②第三期作戦計画と戦争継続の見通し、③戦争継続に不可欠の課題と解決を要する課題、からなる。内容的には、大本営陸軍参謀部が策定した一一日の「作戦方針」を否定したものになっていた。

①では、ロシア政府は「更に数十万の軍隊を派遣して以て戦争を継続するに決したるが如し」と判断される。そのため、②第三期作戦の必要が出てきた。第三期作戦はハルビン方面で待機しているロシア軍が攻撃してくるのを撃退するか、進んで攻撃に赴き、さらにウラジオストックも占領するか、の二つである。いずれにしても困難だが、遂行できてもロシアの致命傷となりえない。ロシアは「莫斯哥《モスクワ》、彼得堡《ペテルスブルグ》にまで侵入せらるるにあらざれば決して自ら和を乞うが如きことなかるべきなり」と悲観的に予想される。だから「今回の戦争は尚数年に継続する者と断定せざるべからざるなり」。守勢であれ攻勢であれ、「前途悠遠にして」平和は容易に回復できないと断言する。ロシア軍には兵力も将校も余裕があるが、日本軍は「已《すで》に有らん限りの兵力を用い尽《つく》し居《お》る」、「我は開戦以来已に多数の将校を欠損し今後容易にこれを補充する能わざるなり」、という厳しい現状認識から、守勢の場合でも、将校や弾薬を急いで補充する政策の実施を求める。攻勢を取る場合には、奉天からハルビンに至る四〇〇キロの間に複線鉄道の敷設や、兵站線守備兵も増派しなければならない。それらには「莫大の費用」が必要で「国民の負担はために非常に重きを加うべし」。意見書の結びには、長期戦になるから対策を政府が十分取ることを要求しており、参謀総長としての継戦意図を示している。日本はもう戦争を続ける戦力はない、と断言しているのが明白である。

兵站線が長く延びていて、補充が追いつかず、もう限界だと先の大山電報は率直に語っていた。山県が指摘した将校の損失も異常に多くなっている。戦地勤務の将校(准士官を含む)二万一九〇〇名のうち、二三四一名が戦死しており、損耗率は一〇・七%と高くなっていた。分隊を指揮する下士官でも、七万五七〇〇名のうち九三〇〇名が戦死し、一二・三%と更に高い損耗率だった。指揮官が決定的に不足しては戦争はできない。三月末に大本営は児玉源太郎満州軍総参謀長を東京に呼び戻し、今後の計画について活発に協議を開始する。児玉が新橋駅に降り立ったときの言葉は何種類か伝えられているが、「長岡〔外史《がいし》参謀次長〕、何を凡槍《ぼんやり》しとる。点火したら消すことが肝要なのを知らぬか。それを忘れているのは莫迦《ばか》じゃヨ」(宿利重一『児玉源太郎』)の一語が、この間の大山ら満州軍と山県ら大本営との齟齬《そご》を最もよく説明している。

講和と作戦

大本営と政府は、山県意見書や児玉総参謀長の意見を吸収して、講和に持ち込むための長期戦争計画を練り直した。四月七日、元勲と主要閣僚の会議は「和戦両略の基本方針」を議論し固めた。この方針は、翌八日の閣議で承認される。I「日露戦役中における作戦並《ならびに》外交歩調一致に関する方針」、II日英同盟協約の継続交渉、III「韓国保護権確立の件」、である。

閣議決定Iは、政治が軍事をリードした例として高く評価されてきたが、実は三件の決定全体で、長期戦を覚悟しつつ練り直された軍事方針と考えるべきである。Iは、①戦争の現状、②ロシア政府の動向、③ロシア国民と金融市場、④列強の動向、⑤総合判断、⑥今後の方針=

カ条、⑦考究問題四カ条、と論理的だった。②ロシア政府は強硬で、戦争継続の意思も強固、③ロシア国民は平和を望み、国際金融市場もロシアの資金調達を困難にしている、④しかし列強の中に講和交渉の仲介意欲はない、という厳しい現状認識のもとに「帝国においては戦争は永引くものと覚悟し、これに応じ持久の策を講ずるの外なし」という悲壮な結論を導き出している。奉天会戦では、退却するロシア軍を追撃する戦闘能力を日本軍がもう持っていなかった。五月二七日の日本海海戦が未来であるこの時点では、「戦争は永引くものと覚悟」することこそが、政府指導者の考え得る現実的な情勢判断であった。

Ⅱは、武器弾薬の補給や外債の募集などの点で最重要の同盟国を引き続き取り込んでおく交渉が求められた。Ⅲも戦争継続の場合、確保して兵站基地としなければならない絶対条件として立案された。これまでの研究では、日露戦争との関連ではなく、韓国併合への段階としてしか解釈されていない。Ⅲの冒頭で「韓国に対する施設は既定の方針と計画に基き保護の実権を掌握するの見地をもって漸次その歩を進め該国〔韓国〕国防財政の実権を我手に収攬《しゅうらん》し同時に該国の外交を我監督の下に置き且つ条約締結権を制限するを得たり」と述べている。現実の到達点として、①韓国の国防財政の実権を掌握したこと、②韓国の外交を日本の監督下に置き、条約締結権を制限したこと、を挙げ、すでに日本は保護の実権を掌握していたのである。残されている課題は、「保護条約を締結」して、「将来韓国の対外関係よりして再び国際の紛糾を誘致し延《ひい》て東洋の平和を攪乱するの憂を根絶するを得べしと信ず」と、韓国の外交権を完全に奪うことにより、「紛糾」する事件を避けることである。保護条約締結で国際法上完全な保護国とすることが、国防上必要だとⅢは述べている。「帝国自衛の目的を貫徹するにおいて実に適切且つ緊要の措置たるを信ず」と、「戦後」を想定してではなく、「戦中」こそ求められる保護国化措置であった。Ⅰと合わせると、政府は、持久戦となった日露戦争を今後も進めていくための根拠地・兵站地として韓国を利用するために、内政も掌握する保護国化が必要と考えたからこそ、三つの案件を同日に審議し、決定したのである。

この時点では「列国の態度」は不明であった。特にⅢでは、韓国を保護国化して、日本が外交権を掌握すると、日本と同様の治外法権撤廃、関税の協定化が施行される。それでは有利な関税率を獲得している諸列強が黙認しないだろう、という予測である。こうした難題があるから、まず英米に対する事前承認工作を進めることになった。

この進め方も、Ⅰの認識を加えて考える必要がある。日露戦争の仲介をあえて引き受ける国を想定できなかったように、韓国保護国化についても同様だった。持久戦と化した日露戦争を継続しながら、戦争遂行の点から韓国保護国化が必要であり、諸列強を同意に持ち込まねばならない。日本の戦争勝利を期待している英国や、米国も同意の可能性は高い。戦争勝利の可能性追求を前提として、二国が事前承認工作の対象となる。

戦争と講和を両にらみで持久戦を進め、状況によってどちらかに振り子を押し出すという危うい閣議決定だった。戦争前の短期的戦略構想は、未曾有の戦争展開によって微塵にうち砕かれ、講和にも持ち込めない状況に追い込まれていたのが、一九〇五年四月の日本政府の正確な位置である。事態を動かしたのは、五月の日本海海戦だった。日本海のどこかで日露両艦隊が遭遇し、海上決戦にまみえ、日本海軍が一方的に勝利する、の三つがセットにならねばならない予想外の出来事が現実となり、危惧された戦争の持久化はほぼ消えた。講和が急がれる。

ポーツマス講和条約

小村外相は六月一日、講和斡旋《あっせん》を米国に申し込み、ルーズベルトは九日、両国に講和を勧告する。予想外の出来事がおこり継戦意欲を失ったロシアも、陸戦遂行能力の乏しい日本も、すぐに応諾した。

ロシア政府は以後も、戦争継続と平和回復の間で揺れ続け、正式な直接交渉をなかなか始めなかった。その間に日本の意図した樺太占領は終わり(八月一日)、ようやく休戦協定が結ばれたのは、一九〇五年九月一日だった。講和会議は、米国東海岸の軍港ポーツマスで、八月一〇日から九月五日までほぼ一カ月間行われた。日本側全権委員は小村寿太郎外相と高平《たかひら》小五郎駐米公使、ロシア側全権委員はウィッテ元蔵相とローゼン駐米大使(前駐日公使)。

日本政府の講和条件は、六月三〇日の閣議で決定されていた。条件は、

図 7-7　ポーツマス講和会議．日露の代表団が左右に分かれている．左の中央が小村寿太郎．

(1)絶対的必要条件　①韓国の自由処分、②満州からの両軍撤退、③遼東半島租借権とハルビン–旅順間鉄道の譲渡
(2)比較的必要条件　①戦費賠償、②中立港へ遁入したロシア軍艦の引渡、③樺太と附属諸島の割譲、④沿海州沿岸の漁業権譲与

というもので、満韓交換論で考えられていた段階よりも、日本が満州へ進出し、利権を確保する内容に膨れ上がった。一カ月間に一七回の本会議が行われ、両国ともにねばり強い交渉を続けた。最大の対立点は、(2)①戦費賠償と③樺太割譲だった。八月二八日、日本の御前会議と閣議は「たとえ償金・割地の二問題を拋棄《ほうき》するの已《や》むを得ざるに至るも、この際講和を成立せしむること」を確認し、小村に指示した。二九日、小村は、ウィッテに償金要求を放棄し、樺太を割譲(北緯五〇度で折半)することで妥協を申し出、受諾された。会見に現れたウィッテは「勝った」と叫んだ。九月五日、日露講和条約が調印され、日露戦争は終わった。

戦争を始めるのも続けるのも大きな無理があったが、終わらせるのも困難な道だった。日本

にとって、ポーツマス条約以後もアジアでの外交課題は消えることなく続く。伊藤博文が開戦前の会議で、ロシアへの当面の妥協は「数年間の小康」を得ることができる、と述べたが、その小康すらなく、アジアへの侵出を続け、軍事大国・大陸国家としての矛盾に陥っていく。

4　戦争の記憶

戦死者と追悼

日露戦争は、日本軍八万四〇〇〇人、ロシア軍五万人という多くの戦死・戦病死者を出して終わった。両軍の戦死者以外に、それぞれ一四万三〇〇〇人、二二万人という戦傷者もおり、彼らの社会復帰も戦後の課題であった。日本では、一年後の一九〇六年廃兵院を設置して、重い障害を持つ退役者を収容した。一八世紀のフランスから始まった廃兵院のアジア版だが、収容されて国家の恩恵を受けられたのはごく少数だった。

戦死者は、一八九七年の陸軍埋葬規則により、戦場に仮埋葬したのち必ず陸軍埋葬地に改葬すると定められ、遺骨等を遺族に引き渡した場合も、個人墓標を陸軍埋葬地に建設することが定められている。凱旋した各師団は、管轄する数カ所の陸軍埋葬地に個人墓標を建設する計画を立て、陸軍省に許可を求めた。一九〇六年二月、大阪の第四師団長の申請書は、個人墓標でなく合葬の墓標とし、そこに規定のように「官位勲功氏名及死亡年月日等」を「一々彫刻」すれば多人数で、石碑も「頗《すこぶ》る異形《いぎょう》」となり、彫刻費用も多大となる（第四師団では約二万八〇〇〇円と計上）という理由を述べ、彫刻を略して「別に合葬の原簿」を備えることで代用としたい、と提案した。三月陸軍省は認可し、同時に全国の師団に指示した。これで全国の陸軍埋葬地には、将校・准士官（特務曹長）・下士・兵卒の四基の日露戦争合葬墓が建立されるのが一般的になった。陸軍埋葬地には、平時・戦時に死亡した軍人の姓名等が刻まれた個人墓標の他に、日清戦争での合葬墓（階級・姓名等の記入）が建設されていたが、日露戦争では「これを略」すことになった。「有名」から「無名」への道は、膨大な戦死者を出した戦争の結果、出費を惜しむという「穏当でない」（陸軍省軍事課意見）理由から決まった。

静岡の歩兵第三四聯隊は、この陸軍省通達を受け、沓谷《くつたに》の陸軍埋葬地に階級別の四基の合葬墓を建立したが、それではおさまらなかった。聯隊長や大隊長を始め将校・准士官四六名の戦死者を出したのを特に追悼したい、という聯隊将校団の強い意志があった。将校団は拠金し、同所に四六基の個人墓標を建立した。将校団の同僚将校への痛恨の思いは表明されたが、一一〇〇人以上の下士官・兵士が戦没したことについての特別の追悼は表されなかった。

日露戦争を想起する国家としての記憶装置は靖国神社である。それまで秋の大祭を会津降伏記念日の一一月六日とし、春季大祭をその半年前としていたが、日露戦争から一二年後の一九一七年一二月になって、春季例大祭を四月三〇日（一九〇六年の陸軍凱旋観兵式）、秋季例大祭を一〇月二三日（一九〇五年の海軍凱旋観艦式）と定め、日露戦争の勝利祝賀式の日を祭祀の最重要な日とした。靖国神社の意義は、天皇が勝利を祝い、天皇と国家のために戦没した人々に感謝するものであり、そのための祭祀であることを明確に示す変更となった。

陸軍記念日・海軍記念日

陸軍と海軍の考えはもっと明確である。まず一九〇六年一月に陸軍省が、奉天会戦の「戦況最も良好なりし日」である三月一〇日を陸軍記念日として行事を行うと部内に通達した。海軍省でも二カ月後に、「我艦隊の全部これに参与し、敵また最後の激闘に入り、我遂に彼を殲滅して愈々《いよいよ》制海権を確把し、以て這般《しゃはん》戦局の大勢を決した」五月二七日を海軍記念日とする、と全海軍に通知した。休戦条約調印は九月一日、講和条約締結は同五日、明治天皇の平和克復詔勅が一〇月一六日だったが、陸海軍はそのいずれをも選ばなかった。奉天会戦での激闘のピークが三月一〇日で、最も多くの血が流されていた。五月二七日の日本海海戦も、最も多くの犠牲者が出た日だった。陸海軍ともに、平和回復の日ではなく、血と共に記憶の残る日を、それぞれ軍隊と国家永遠の記念日として採用した。

当初はそれぞれ部内の祝賀行事だったが、学校やマス・メディアも含めて大規模化するのは、日露戦争二五周年（一九三〇年）、三〇周年（一九三五年）からのことで、周年行事の意味だけではなく、それぞれの時期の社会情勢と関連を深くして大規模化へと進んでいく。

日清戦争以後戦利品を国内各地に配り、戦争を記憶し、国家と軍隊への敬意を養成する装置

図 **7-8**　1920年代後半の木浦(朝鮮・全羅南道西南部の港町)．メリヤス・エハガキを売る三井兄弟商会や「江戸ツ子」など日本語が氾濫している「外地社会」の一つ．

として機能させることが始まり、日露戦争でも続けられた。宮中にも、振天府《しんてんふ》・慶安府《けいあんふ》という戦利品記念館が建設され、天皇に拝謁した軍人らの見学が続いた。民間への戦利品配布は、学校(特に小学校や師範学校)や神社、寺院、役所に積極的に行われた。一九〇七年七月、兵庫県多可郡野間谷村の野間谷尋常高等小学校には、「連発歩兵銃一／同銃剣一／三吋《インチ》速射野砲薬莢《やっきょう》一／長柄匙《ながえんび》〔シャベル〕一」の四点が「下賜」され、学校の諸行事で展覧されていく。

外地社会の成立

戦争は人々の移動を激化させる大きな機会であった。日本軍が作戦を終え、軍政部を設置して占領地行政に乗り出すと、またたくうちに日本人が集団で押し寄せてくる。一九〇四年七月第二軍が営口を占領すると、兵站部に関連した業者をはじめ日本人が、清国の天津や山東省方面から約八〇〇〇人も流入し「営口の黄金時代」を築く。彼らはその後大連に移り、新しい都市・大連の実業を担っていった。大連在留日本人は、日露戦争直前の一九〇四年一月に三〇七人だったが、戦後の一九〇六年末には一九九三戸八二八四人、一九一一年には末八七九八戸二万九七七五人と急増している。

戦時中の渡航集団は、軍隊の酒保《しゅほ》(軍用達商店)となった。日露戦争が終わると、従軍した兵士たちも、戦争の際の見聞から、新たな事業参与の機会を得る場として国土の拡大を実感し、除隊後その一部は満州や韓国へ戻ってくる。軍隊を中心とする経済活動を柱として、物品販売業や土木建築請負業、レンガ・豆粕・醬油などの製造業者が続々と満州へ渡ってきた。日本人社会が形成されると、医師や弁護士、教員、宗教家などのいわゆる自由業も追っかけるように出てくる。こうして成立した「外地」日本人社会は、その外部に中国人や朝鮮人社会を持ち、彼らを最下級労働者として雇用することで維持されていた。民衆の帝国意識が醸成されていく。

5　韓国併合へ

韓国の保護国化

日本海海戦が完勝に終わり、四月八日の閣議決定である、長期戦の遂行を助する「韓国保護権確立の件」は、それ自身として検討することが可能になった。既に一九〇四年五月三一日に「帝国の対韓方針」と「対韓施設綱領」を閣議決定し、「経済上に於て益々《ますます》我利権の発展を図るべし」と明記していた。韓国は「到底永くその独立を支持する能わざるは明瞭」と述べ、日清戦争以来掲げてきた朝鮮国の独立維持という大義名分も捨てた。

一九〇四年七月下旬から首都漢城府の治安を日本軍が掌握する中で、八月に新しい取り決めが成立していた。それは日本政府の推薦する、①日本人財政顧問一名、②外国人外交顧問一名採用と、③外交案件の事前協議、という三カ条からなる短いもので、いわゆる第一次日韓協約である。締結以後日本政府は、韓国政府のお雇い外国人三〇人以上を整理し、代わって日本人を送り込んだ。日露戦後の一九〇五年一一月には、財政、学部、軍部、宮内府、警務など合計一八八人にものぼる。こうした主権侵害に対して、正二品の崔益鉉《チェイクヒョン》が皇帝に上疏して反対したが、日本の軍隊に捕らえられ、流刑になった。

一九〇五年九月、ポーツマス講和条約が調印されると、日本政府は、「これが実行は今日をもって最好の時機なり」として韓国に保護権を確立することを決議した。一一月、漢城に到着した伊藤博文は、保護条約締結を高宗皇帝に直接談判した。予定調印日の一七日、長谷川好道《よしみち》韓国駐箚《ちゅうさつ》軍司令官は、「特に騎兵聯隊及砲兵大隊を城内に招致して、万一に備え夕に入り大街道を経て城外宿営地に帰らしめた」（『韓国併合始末関係資料』）。そのため「満城皆な戦《おのの》き敢て一人の豪語するものなし」となった。午後四時頃からの御前会議で皇帝と大臣の意見は一致せず、ようやく一八日午前一時という深夜に調印が成立した。こうして統監府の漢城府設置と、外交権の日本政府への接収を内容とする第二次日韓協約（いわゆる韓国保護条約）が成立した。

成立直後から、韓国政府要人（趙秉世《チョビョンセ》、閔泳煥《ミンヨンファン》ら）も皇帝自身も、協約破棄をめざす行動を展開した。特に皇帝は、親書や文書により、一九〇五年一〇月から翌年五月までに五回の協約拒否を欧米に示す行動を続けた。その頂点が、一九〇七年六月オランダのハーグでの第二回万国平和会議への勅使三名派遣であった。期待した高宗皇帝の思いは見事に裏切られた。高宗皇帝の戦略はよく練られたもので、第二回万国平和会議に正式参加して「国際紛争平和的処理条約」(第一回万国平和会議採択)にまず加盟し、日本の不当行為と第二次日韓協約無効を常設仲裁裁判所へ訴えるというものだった。会場でロシアやオランダ代表との面会も拒否され、会議への正式参加も認められず、高宗皇帝の戦略は失敗した。

図 **7-9**　日本が設置した韓国統監府．統監は韓国の外交権を接収しただけでなく，鉄道や各種産業も管理下に置いた(『大日本帝国朝鮮写真帖』)．

こうした事態に伊藤韓国統監は、李完用《イワニョン》首相に「責任は皇帝一人に帰する。日本と戦争をするのか」と圧力を加えた。七月一〇日、元勲・閣僚会議は、「現下の機会を逸せず」韓国の内政権掌握を是とし、伊藤統監に一任と決議した。七月一九日、高宗皇帝は譲位し、翌日皇太子李坧《イチョク》が純宗《スンジョン》として皇帝の座についた。二四日には第三次日韓協約(全七カ条)が締結された。協約と付属書の内容は、外交権を奪い、軍隊を解散させ、内政権をも奪い、日本人を中央・地方の要職につける（各部の次官、警察部門の長以下）となっていた。第三次日韓協約は日本の朝鮮における全権掌握を示しているので、事実上の韓国廃止を意味するものだが併合ではなかった。まだ日本は韓国という国家を消滅させることはできなかった。

日本による韓国併合をこの時点で阻止したのは、ロシアの同意が得られなかったからである。一九〇七年一月、本野《もとの》一郎駐露公使は、ロシアが日露戦後の緊張を

日露協約と韓国問題

日露の協商締結で解こうとしている、との情報を入手し、二月から現地交渉が始まる。三月元勲会議は、全四カ条の日露協約案を承認した。第三条で日露両国の勢力範囲を満州の南北で設定、第四条で日韓「関係今後の発展に対しこれを妨礙《ぼうがい》し又はこれに干渉せざることを約す」とした。主眼点は後半二カ条にあった。日本は第三・四条に重点を置き、ロシアは第三条がまとまることを目標とし、簡単には韓国問題の進展を認めない姿勢をとった。

第三次日韓協約が調印された六日後、七月三〇日に日露協約がようやく締結され、日露戦争以後の両国関係を規定する協約となった。重要なのは、附属の「秘密協約」だった。これにより結果的には、直前に結ばれた第三次日韓協約もロシアにより承認され、「該関係の益々発展を来すに方《あた》り、これを妨礙し、又はこれに干渉せざることを約す」（秘密協約第二条）ことになり、その後の韓国併合へ進む大きな一歩となったが、最大の受益者はロシアだった。ロシアは、国内の革命状況を押さえるために、アジアでの安定と第二次日露戦争の勃発を防ぐことに主眼を

置いて、それを確保したばかりか、北部満州（同第一条）、外蒙古（同第三条）を勢力範囲とすることに日本の同意を取り付けたのである。小村駐英公使は、ロシア国内の擾乱を収めるためいずれ人心収攬策としてトルコ介入を行う際「極東における後顧《こうこ》の憂を除去するため」日露協約を欲している、という正確な分析を二月一五日に外務省宛に報告していた。しかし、それを生かした交渉ではなかった。

韓国併合へ

伊藤統監が危惧したのは、第三次日韓協約締結を公表した際の韓国民衆の動きであり、解散した軍隊と民衆の結合した大暴動さえ十分予想された。一九〇七年七月、純宗の詔勅で韓国軍隊の解散が命じられると、一部はやはり蜂起した。義兵運動と呼ばれる蜂起は、瞬く間に漢城から全国へ広がった。弾圧のための戦闘は一二月までで六五八回にものぼった。一九一〇年の韓国併合までに日本軍と義兵との「衝突回数」二八一九回、「衝突義兵数」一四万一六〇三人、義兵死亡者数一万七六八八人と、日本軍の報告書は語っている（朝鮮駐劄軍司令部編『朝鮮暴徒討伐誌』）。民衆の強い抵抗は、伊藤博文の自信と楽観主義を動揺させた。一九〇九年二月、伊藤は帰国して、統監を辞し、六月古巣の枢密院議長に戻った。

一九〇九年春には、日本政府は韓国併合計画をスタートさせる。四月、桂首相と小村外相は、在京中の伊藤韓国統監を訪ね、韓国併合に関する「方針書」・「施設大綱書」を見せて、意見を求めた。桂・小村の予想に反して、伊藤は「意外にも」（春畝《しゅんぽ》公追頌会編『伊藤博文伝』下）併合方

図 7-10 銃を構える義兵．義兵運動の報道は，欧米人の宣教師やジャーナリストを通じて世界に広まった(*The Tragedy of Korea*)．

針に同意した。伊藤の同意を得た桂と小村の提案は、七月の閣議で承認され、同日天皇の裁可も得た。閣議決定「韓国併合に関する件」の前文は、この時点に至っても日本はまだ勢力扶植が十分でなく、韓国の政府も国民も日本を全面的に信頼するに至っていない、と率直に認めている。これらを前提として提案されたのが本文(二項目)であった。第一項で韓国併合断行が日本の「実力を確立する」最も確実な方法であり、これは日本「帝国百年の長計」だと言い切る。のんびりと実が熟するのを待っているのは緩慢であり、無駄で、一挙に韓国併合に進むのが最適だという考えである。一九〇九年七月の時点で韓国併合という大方針は定まり、残るのは実施の時期決定だけとなった。一〇月、伊藤枢密院議長が、清国ハルビン駅で朝鮮の独立運動家安重根《アンジュングン》に暗殺される。このことは併合の時期を早めることになる。

最大の問題はロシアだった。はたして近代国家韓国の「廃滅」(倉知鉄吉覚書)を欧米諸列強が承認するであろうか。一九一〇年三月の閣議は、満州に対する協商をロシアに提案することを決めた。四月、本野との会談で、イズヴォリスキー露外相は、事実上韓国併合に反対しない旨を伝えた。英国に内密で進めてきた小村は、加藤高明駐英大使に、日露交渉を内告するよう指示し、翌日さらに「帝国政府が日英同盟をもって帝国外交の骨髄となすの方針」は全く変更されないことなどを「特使便」で伝えさせた。新協約案は、日露両国から英仏両国政府に内告の後、七月、日露第二次協約として調印された。

日露の新協約に向けての動きは急速で、三カ月の交渉で成立した。両国が急いだ理由があった。アメリカの動きである。アメリカは、一九〇九年一二月一八日、小村外相に、「満州における一切の鉄道を清国の所有に帰せしめ（中略）要する資金は適当の方法をもって相当の割合に依り加入希望の諸国より調達すること」に賛同を求めてきた。いわゆる満鉄中立化案である。日本政府は、「ポーツマス条約の条件からの最も重要な逸脱」だと拒絶したが、この過程で日露両国は、共通する権益について共同防衛することを利益と考えるようになり、両国は一挙に日露新協約に向かって進み始めたのである。満州における権益を守るために、ロシアも日本に強く出られなかった。これが、日韓併合を事実上承認する言質を交渉初期に与えた隠された理由である。イギリスには、現行関税率の一〇年間据え置きなど既得権を認めることで落着した。

大権統治と「異法域」

一九一〇年五月三〇日、寺内正毅陸相は第三代韓国統監の兼任を命じられる。併合促進論者であり、燃えさかる義兵闘争などの抵抗を押さえる軍事力を握る寺内の任命は、韓国併合が間近に迫ったものと考えられた。

六月三日に開かれた閣議は、併合方針を審議し、「一、朝鮮には当分の内憲法を施行せず大権に依りこれを統治すること」など全一三カ条を決定した。朝鮮には憲法を施行せず、大権による統治というかつての台湾統治と同じように、軍政の延長という考え方を基本としていた。この方針は、小村外相も同意見で（外務省編『小村外交史』）、憲法不施行で天皇大権による統治であれば、閣僚や軍部は関わることができるが（輔弼《ほひつ》の義務）、帝国議会が関与することはできない。閣僚の誰かから異論が出て、「憲法の釈義」が再決定される。七月八日首相名で発せられた「統監へ通牒案」に添付された閣議決定書の一つに「憲法の釈義」が付された。

憲法の釈義　韓国併合の上は帝国憲法は当然この新領土に施行せらるるものと解釈す／然《しか》れども事実においては新領土に対し帝国憲法の各条章を施行せざるを適当と認むるをもって憲法の範囲において除外法規を制定すべし

理念として憲法施行地ではあるが、各条章を具体的に施行しない、いわゆる「異法域」となるので、憲法に認められた権利や義務が実際には生じないことになる。二〇世紀初めまで北海道と沖縄県が置かれた位置と同じものが、朝鮮にも適用されることとなった。例えば、権利では参政権、義務では徴兵が、朝鮮在住者にはない。一方で、憲法施行地とすることにより、議会の発言権は及ぶことになり、朝鮮を聖域として権力を振るうつもりであった寺内の構想とは異なる結果となった。五月二七日付寺内提案から、七月二日「憲法の釈義」に至る解釈闘争は、軍部の政治力を植民地でどこまで認めるか、についての抗争の最初の現れであった。

韓国併合条約

寺内統監は、韓国駐箚軍の漢城集中を済ませた上で(『韓国併合始末関係資料』)、一九一〇年八月二二日、韓国併合条約の調印式を行った。

併合条約は、二九日に両国の『官報』で同時公布され、全国の小学校では九月一日の始業式を利用して、「日韓合併に関する講話」(兵庫県美方郡照来尋常高等小学校「沿革誌」)などを行い、帝国版図の拡大を祝った。韓国では調印から公布まで報道が差し止められ、二九日の新聞各紙の報道となった。韓国の人々に表面的には反対の動きも見られなかったが、統監府は軍隊と警察を使い言論と行動の厳重な規制を実施しており、どうしようもなかった。清国の日刊新聞『申報』(上海)九月一日は「ああ、韓国が滅んだ」を掲載し、「統監府が昨日来すでに、しばらく屋外での大集会と政治にかかわる会議を禁止」「統監府が日本の新聞の韓国輸入を禁止し、専門官を馬関(下関)に派遣して新聞を検閲させた」などと厳しい事情を伝えた。

姉崎正治の日露開戦論に感激し、日露戦争を美化した「戦雲余録」を書いた石川啄木は「無邪気なる好戦国民の一人であった」(「明治四一年日誌」九月一六日条)と自己批判した。九月九日「地図の上　朝鮮国にくろぐろと　墨をぬりつゝ　秋風を聴く」と韓国併合を秋風とともに悲しい思いで嘆いた歌を詠み、若山牧水が主宰する雑誌『創作』同年一〇月号に「時代閉塞の現状を奈何《いか》にせむ秋に入りてことに斯《か》く思ふかな、明治四十三年の秋わが心ことに真面目になりて悲しも」という文章を付して発表した。前掲の歌を含む三四首の短歌は「九月の夜の不平」と題されている。啄木が評論「時代閉塞の現状」を執筆したのは、韓国併合と同じ八月だったが、一二月に歌集『一握の砂』刊行の際、韓国併合についての先の歌は収載されなかった。

島尻《しまじり》郡南風原《はえばる》尋常小学校の訓導であった比嘉春潮《ひがしゅんちょう》は、一九一〇年九月の日記にこう記した。

去月二十九日、日韓併合。万感交々至り筆にする能わず。知りたきは吾が琉球史の真相なり。人は曰く、琉球は長男、台湾は次男、朝鮮は三男と。嗚呼、他府県人より琉球人と軽侮せらるる、また故なきに非ざるなり。（比嘉の自伝「年月とともに」）

「琉球人」として差別を受けていた比嘉は、隣国韓国が日本に併合されたということを聞いて、その哀しみに思いを寄せた。一方で「内地人」より劣等視されている自らの環境に憤りをいっそう強くしていたが、比嘉は「そこに横たわるちがいを解明することはできなかった」と自伝中で自己批判している。人々が言う「沖縄・長男、台湾・次男、朝鮮・三男」という関係は、母なる日本にとってそれぞれの地域が、子どもたちの稼ぎに頼っている譬えとも理解できるが、それは収奪の別名であった。

おわりに――「輝かしい明治」論とナショナリズム

戦後が戦前だった社会

一九四五年までの日本社会は、戦争に次ぐ戦争の時代であった、と回顧されることが多い。それを別の言葉に置き換えると、一つの戦争が終わると戦後が来るが、実はその戦後はいずれ戦争を迎える戦前であった、となる。次の戦争が突然やって来るものであれば、中間期は戦後と言えるが、次の戦争の準備が進められているわけだから、戦前と言わねばならない。なぜそのような緊張の連続を、人々は続けていたのだろうか。

日清戦争で台湾を清から奪い、植民地としたのは、この戦争の本来の目的ではなかった。日本単独か欧米諸列強との共同管理かは別にして、朝鮮を支配下に置くことが戦争目的だった。日清戦争を経て、日本の圧力は強まるが、朝鮮王朝と政府は揺るがず、日本の支配強化に抵抗を続けて屈しなかった。日本は、朝鮮(韓国)における権益の完全な回収を求めて、多角的な外交運動を模索しつつ、最後に日露戦争を決断する。その勝利によって一九一〇年に独立国である韓国は日本帝国に併合され、植民地となった。ここまでが本書のカバーする範囲である。

ジャーナリスト三浦銕太郎《てつたろう》(一八七四〜一九七二)は、韓国併合一年後、雑誌『東洋時報』一九一一年九月号に、現代日本における危険の「第一は軍備費の過重に基づく国民の疲弊である」と軍事費過大を批判した。「我が国は日露戦争後陸軍を二倍に拡張した。もし支那分割の野心を包蔵するか、シベリア征服の大志を想像しなければ、その意義を解することが出来ないと思う」と、その後の陸軍と日本の進路を予見していた（松尾尊兊編『大日本主義か小日本主義か』）。日本の朝鮮支配は苛酷で、朝鮮民衆は鴨緑江を越えて中国東北部（いわゆる「満州」地域）に逃げ込んでいく。自立した朝鮮民衆が、「満州」から朝鮮へ働きかけることを阻止することが、日本の課題となった。満州に影響を拡大して、朝鮮支配を安定化させること、を追求することから、軍事的解決も選択肢に登場する、それが一九二〇～三〇年代の日本の姿になるだろう。

そのような転換点が日清戦争であった。軍事力が国家と社会で大きな意味を持つようになるのも、したがって小さな国日本という社会が劇的に変化するのも、この時期であった。

支配層の形成と植民地

東京大学は、一八八六年の帝国大学令で唯一の「帝国大学」となる。「帝国大学」という名称の所以は、「国家の須要に応ずる学術技芸を教授」すること、すなわち国家官僚の育成を教育の目標にしているところにある。東京に一つだけの帝国大学をめざして、全国の高等学校（第一から第八までの番号がつく官立高校）から入学生が集まり、国家官僚への道を歩んだ。この様相も、日清戦争後に変容を遂げる。

第二の帝国大学として京都帝国大学が設立されたのは一八九七年。以後東北（一九〇七年）、九州（一九一一年）、北海道（一九一八年）、京城（一九二四年）と続き、台北（一九二八年）、大阪（一九三一年）、名古屋（一九三九年）で止まる。京都帝国大学も、まず理工科大学を設立（同年九月）したように、工学エンジニアの養成が、二番手以降の帝国大学の責務だった。二年後の一八九九年に開設された京都帝国大学法科大学は、東京帝国大学法科大学に対抗する国家官僚養成コースとして期待されたにもかかわらず、合格者数ではるかに及ばなかった（潮木守一『京都帝国大学の挑戦』）。いずれの帝国大学も、理科大学・医科大学・工科大学を設けており（北海道・九州は農も、京城は医と理工、台北は理農）、工学系医療系技術者を国家の手で養成し、配置することを重点としていた。

帝国大学で単独の法学部を持ったのは、結局東京と京都のみで（東北・九州・京城は法文学部、台北は文政学部）、他は理工系大学として戦前教育社会で君臨してきた。

戦前における国家官僚の役所社会は、文官が頂点に立ち、技術者を見下ろす構造となっていた。東大か京大を卒業し、高等文官試験に合格した文官が必ず優位になる構造のなかで育ち、やがて官僚を卒業して政治家になり、近代日本の政治的支配層となっていった。その道を、植民地で生まれ育った「新国民」が歩むのは困難だった。

植民地である台湾と朝鮮の帝国大学は、台湾人や朝鮮人と日本人が並んで学習・研究する場となったが、それは根深い差別構造をも持っていた（田村志津枝『台湾人と日本人』）。それ以前の中学校に入る際や在学中などに台湾人や朝鮮人への差別があり、外国語である日本語を獲得する点でも差があった。北海道、台北、京城の三大学には「予科」課程が設けられたが、予科卒業生はその帝国大学に進むことが義務づけられ、自由に東大や京大に進むには、内地の高校か、台湾の場合は台北高校に進学しなければならないというハンデもあった。外地の帝国大学は、高等商業学校や高等工業学校など、終点であるはずの高等教育機関卒業生の日本人も受け入れており、内地の帝国大学には入学できない青年のバイパスとなっていた。そのため「新国民」にとっては狭き門になっていった。

大学も含めて外地の学校は、台湾・朝鮮総督が文部大臣の代行として管理管轄していた。朝鮮や台湾の高等教育機関の役割は、国家官僚の養成ではなく、植民地経営のための人材であったことは言うまでもない。京城帝大に理工学部が設置されたのは一九四一年、台北帝大に工学部が設けられるのは一九四三年。いずれもアジア・太平洋戦争下での軍需工業増産過程にあり、自前のエンジニア養成が必要となった段階だった。

二種類の「国民」形成

植民地台湾と朝鮮への日本の政策は、「進んだ日本」の、技術や資本を「遅れた地域」に移しただけで、欧米のような「極悪な植民地支配」をしたわけではない、という言い訳が二〇世紀末以来この日本に広がりつつある。これまでの詳細な研究によれば、そんな「言い訳」は一笑に付される低い水準のものでしかない。経済史の研究では、台湾は製糖と南進の拠点として開発され、日本内地の生活充実と国土膨張に役立たされているのであって、単純な開発策の実施ではない。

また「進んだ」「遅れた」という底には、差別意識が見えてしまう。韓国併合は、腐敗していた朝鮮王朝に責任がある、と日本が積極的に植民地化へと動いたことを隠蔽して、植民地支配を正当化する意見さえも見られる。韓国併合条約調印の夜、寺内正毅統監が山県有朋に送った書簡は、

この一段落相付き候上は、官衙の廃合、日本官吏の始末に御座候。今日まで調査致し候処にては、官吏は案外に腐敗致しおり候様に相見え候。これを淘汰革進致し候は、一大骨折の仕事と存じ申され候。全体において韓人処分よりは、日人の処分が困難と存じ申し候。

と述べ、併合後の「一大骨折の仕事」は、腐敗した日本人官吏の処分であると嘆いている。すでに蔓延していた日本人官吏の腐敗は、日本帝国の総督府時代に入ってのさらなる困難を予想させたのであろう。支配者である日本人が驕《おご》っており、自省は困難だった事実の一つである。

一九一〇年以後の日本は、大きな植民地を持った「大日本帝国」であった。そこには、大日本帝国憲法によって守られる「国民」と、その保護下にさえ入れない「国民」とが存在した。

その間の溝は大きい。納税の義務はあるが、国政参加の権利はない。教育の義務はないが、そこに設けられる大学組織は、統治に関わる法学部や産業経営の鍵を握る経済学部ではなく、実利と技術の学部に限定されていた。朝鮮や台湾の民衆に兵役の義務はないが、自らの郷土を武器を取って守る軍事的訓練を受けることもできない。これが台湾・朝鮮の「国民」だった。

「植民地支配」とは、いかに本国が資本投下しようと、本来それは本国の繁栄のためであって、逆ではない。「憲法」という法は、国民国家の知恵の一つである。国民の権利と義務を規定し、人種や民族、思想や信条など人によって異なっていても、人間としての扱いに差違を認めない。植民地の存在はそうした憲法のあり方と矛盾する。

長い間その矛盾に苦しんだフランス共和国は、結局一九六二年三月、アルジェリアの独立を認めて、矛盾の解消へと向かう。その中でフランスの現代思想家たち、サルトルらが問題提起を続け、世界に衝撃を与えていった。帝国という歴史のもたらした結果としての植民地をなぜ放棄しなければならないのか、という大きな思想的課題を突き抜けることなく、一九四五年の敗戦という、いわば「外圧」によって台湾や朝鮮を手放すことになった近代日本は、安易に「植民地問題」を「解決」したのだ、という歴史的経緯を繰り返し思い出さねばならない。その出発点が「日清戦争から日露戦争へ」の時期にあった。歴史をしっかりとたどることは、考える材料を発掘し、思考を広げ、飛躍させる冒険旅行でもある。

あとがき

日本近代史研究の道に入った頃、いつかは「通史」を書くだろうとは思っていたが、取りかかってみると、これほど苦しいとは想像もつかなかった。ついつい詳しく詳しく書き、史料にも一つひとつあたって確認する、という作業に入ってしまう。新しい発見はあるものの、制限された枚数の中で、どこまで十分に説明できたのか、いまだに不安はある。

ただこうしたシリーズ物に参画すると、編集会議は楽しい。今回も何度か会合が持たれ、各自の構想や忌憚のない検討がなされた。遠慮がないのが、今回のメンバーの特色である。全巻を通じた編集方針も話し合われたが、それが日の目を見るのは最終巻だろう。読者の皆さんは、それまで想像して楽しんで下さい。

書くのは苦しかったが、その間に、この二〇年間の日本近代史研究が相当進んだ、という思いが強くなっていった。しかもいつの時代でも破壊の旗手として現れる若手研究者だけでなく、成熟した研究者も含め、鋭い問題意識と確かな実証を通じて、深く新しい認識が示されている。そうした大きな成果を吸収し、貴重な到達点と、私自身のささやかな試みとを合作させたものが本書である。ただ紙数の関係で、本文中にカギ括弧付き引用を行い、氏名を挙げるという手法がほとんど取れず、巻末参考文献に譲らざるを得なかったのは、申し訳なく思う。

ほとんどの文献を勤務先の図書館で見つけることができたし、朝鮮語の固有名詞の読みには同僚・太田修さんに助けていただいた。職場のみなさんにもお礼を申し上げる。

本書も編集部の小田野耕明さんの編集努力に負うところが大きいし、いつもながら白石玲子さんには裏方の役割を果たしてもらった。お二人に感謝する。

二〇〇七年一月

洛北・紫野　原田敬一

岩波新書新赤版一〇〇〇点に際して

ひとつの時代が終わったと言われて久しい。だが、その先にいかなる時代を展望するのか、私たちはその輪郭すら描きえていない。二〇世紀から持ち越した課題の多くは、未だ解決の緒を見つけることのできないままであり、二一世紀が新たに招きよせた問題も少なくない。グローバル資本主義の浸透、憎悪の連鎖、暴力の応酬――世界は混沌として深い不安の只中にある。

現代社会においては変化が常態となり、速さと新しさに絶対的な価値が与えられた。消費社会の深化と情報技術の革命は、種々の境界を無くし、人々の生活やコミュニケーションの様式を根底から変容させてきた。ライフスタイルは多様化し、一面では個人の生き方をそれぞれが選びとる時代が始まっている。同時に、新たな格差が生まれ、様々な次元での亀裂や分断が深まっている。社会や歴史に対する意識が揺らぎ、普遍的な理念に対する根本的な懐疑や、現実を変えることへの無力感がひそかに根を張りつつある。そして生きることに誰もが困難を覚える時代が到来している。

しかし、日常生活のそれぞれの場で、自由と民主主義を獲得し実践することを通じて、私たち自身がそうした閉塞を乗り超え、希望の時代の幕開けを告げてゆくことは不可能ではあるまい。そのために、いま求められていること――それは、個と個の間で開かれた対話を積み重ねながら、人間らしく生きることの条件について一人ひとりが粘り強く思考することではないか。その営みの糧となるものが、教養に外ならないと私たちは考える。歴史とは何か、よく生きるとはいかなることか、世界そして人間はどこへ向かうべきなのか――こうした根源的な問いとの格闘が、文化と知の厚みを作り出し、個人と社会を支える基盤としての教養となった。まさにそのような教養への道案内こそ、岩波新書が創刊以来、追求してきたことである。

岩波新書は、日中戦争下の一九三八年一一月に赤版として創刊された。創刊の辞は、道義の精神に則らない日本の行動を憂慮し、批判的精神と良心的行動の欠如を戒めつつ、現代人の現代的教養を刊行の目的とする、と謳っている。以後、青版、黄版、新赤版と装いを改めながら、合計二五〇〇点余りを世に問うてきた。そして、いままた新赤版が一〇〇〇点を迎えたのを機に、人間の理性と良心への信頼を再確認し、それに裏打ちされた文化を培っていく決意を込めて、新しい装丁のもとに再出発したいと思う。一冊一冊から吹き出す新風が一人でも多くの読者の許に届くこと、そして希望ある時代への想像力を豊かにかき立てることを切に願う。

（二〇〇六年四月）

原田敬一

1948年岡山市に生まれる
1982年大阪大学大学院文学研究科博士後期課程修了
専攻－日本近代史
現在－佛教大学名誉教授
著書－『日本近代都市史研究』(思文閣出版)
『国民軍の神話――兵士になるということ』(吉川弘文館)
『帝国議会 誕生』(文英堂)
『日清戦争』(吉川弘文館)
『「坂の上の雲」と日本近現代史』(新日本出版社)
『兵士はどこへ行った――軍用墓地と国民国家』(有志舎)
『「戦争」の終わらせ方』(新日本出版社)ほか

日清・日露戦争
シリーズ 日本近現代史③　　岩波新書(新赤版)1044

2007年2月20日　第1刷発行
2024年5月15日　第20刷発行

著　者　原田敬一《はらだけいいち》

発行者　坂本政謙

発行所　株式会社 岩波書店
〒101-8002 東京都千代田区一ツ橋2-5-5
案内 03-5210-4000　営業部 03-5210-4111
https://www.iwanami.co.jp/

新書編集部 03-5210-4054
https://www.iwanami.co.jp/sin/

印刷製本・法令印刷　カバー・半七印刷

© Keiichi Harada 2007
ISBN 978-4-00-431044-0　　Printed in Japan

索　引

あ 行

か 行

さ 行

た 行

な　行

は　行

略年表

年	日本	世界
1890 (明治23)	6 第1回貴族院多額納税者議員選挙 7 第1回総選挙．集会及政社法公布 9 立憲自由党発足(翌年，自由党に) 10「教育に関する勅語」発布 11 第1議会召集(91.3.7閉会)	
1891 (明治24)	5 第1次松方正義内閣．大津事件 11 大隈重信と板垣退助会見 12 第2議会で樺山海相「蛮勇演説」	8 露仏同盟調印
1892 (明治25)	2 第2回総選挙(自由94，改進38) 3 品川内相，干渉選挙問題で引責辞任．『平和』創刊 6 鉄道敷設法公布．国民協会結成 8 第2次伊藤博文内閣 11『萬朝報』創刊	
1893 (明治26)	1 衆議院，軍艦製造費否決．『文学界』創刊 2 衆議院，内閣弾劾上奏案可決．製艦費に関する詔書	4 東学教徒，忠清道報恩に集結
1894 (明治27)	3 第3回総選挙(自由119，改進48，国民協会26) 6 閣議，派兵決定．大本営を設置．高等学校令公布 7 日英通商航海条約調印．朝鮮王宮占領事件(7月23日戦争)．豊島沖海戦．成歓・牙山の戦い 8 日清，宣戦布告 9 第4回総選挙(自由105，改進45，革新40，国民協会30)	3 上海で金玉均暗殺 4 東学教徒，四大綱領を発表 10 全琫準，農民軍に再起を指令
1895 (明治28)	1『太陽』創刊 2 威海衛陥落 3 下関講和会議始まる	7 清国，対日賠償金支払いのための露仏

	4 日清講和条約調印．三国干渉 5 閣議，遼東半島放棄を決定．台湾島民，台湾民主国建国宣言 10 漢城府で閔妃殺害事件 11 遼東半島還付条約調印．『東洋経済新報』創刊．自由党，政府と提携宣言	4 億フラン借款 この年，マルコーニ，無線電信を発明
1896 (明治 29)	2 朝鮮国王，ロシア公使館へ(露館播遷) 3 進歩党結成．航海奨励法・造船奨励法公布．製鉄所官制公布 7 日清通商航海条約調印 9 第 2 次松方正義内閣 11 樋口一葉没	4 朝鮮で『独立新聞』創刊 7 朝鮮で独立協会結成
1897 (明治 30)	1 尾崎紅葉「金色夜叉」新聞連載開始 3 足尾鉱毒事件被害民が上京，請願．貨幣法，関税定率法公布 4 台湾銀行法，伝染病予防法公布．社会問題研究会結成 6 京都帝国大学設立 7 労働組合期成会発起人会 12 鉄工組合結成．『労働世界』創刊	10 朝鮮，国号を大韓と改め，皇帝即位式を挙行
1898 (明治 31)	1 第 3 次伊藤博文内閣 2 日本鉄道スト 3 第 5 回総選挙(自由 98，改進 91，国民協会 26) 6 憲政党結成．第 1 次大隈重信内閣 8 第 6 回総選挙(憲政党 260，国民協会 20)．尾崎文相，共和演説事件 11 第 2 次山県有朋内閣 12 地租条例改正，田畑地価修正法公布	3 ロシア，大連・旅順租借 ドイツ，膠州湾租借 4 米国，キューバの独立戦争に介入 6 戊戌変法 7 英国，威海衛租借
1899 (明治 32)	2 中学校令改正・実業学校令・高等女学校令公布 3 北海道旧土人保護法，特許法・意匠法・商標法公布．府県制・郡制改正，国籍法公布．文官任用令改正・文官分限令・文官懲戒令公布	2 フィリピン・アメリカ戦争 3 山東省で義和団蜂起 5 第 1 回ハー

	4 横山源之助『日本の下層社会』刊行 10 普通選挙期成同盟会結成	グ平和会議 9 米国，門戸開放宣言 10 ボーア戦争始まる
1900 (明治 33)	1 社会主義研究会を社会主義協会に変更 2 川俣事件 3 産業組合法，治安警察法公布 4『明星』創刊 5 軍部大臣現役武官制確立 6 閣議，義和団鎮圧のための派兵決定 9 立憲政友会結成 10 第 4 次伊藤博文内閣	3 米国，金本位制採用 6 義和団，北京の公使館区域攻撃
1901 (明治 34)	2 愛国婦人会創立．福沢諭吉没 5 社会民主党結成(2 日後禁止) 6 第 1 次桂太郎内閣 12 田中正造，足尾鉱毒事件で天皇に直訴	9 北京議定書(辛丑条約)調印
1902 (明治 35)	1 歩兵第五聯隊(青森)，雪中行軍で遭難．日英同盟協約調印 8 第 7 回総選挙(政友 190，憲政本党 95) 12 衆議院委員会，地租増徴案否決	5 キューバ独立．ボーア戦争終結
1903 (明治 36)	3 第 8 回総選挙(政友 175，憲政本党 85) 6 七博士建白書公表 8 対露同志会結成 11 平民社結成，『平民新聞』創刊	7 中東(東清)鉄道開通
1904 (明治 37)	2 宣戦布告，日露戦争始まる 3 第 9 回総選挙(政友 133，憲政本党 90) 4 非常特別税法・煙草専売法公布 8 第 1 次日韓協約調印．遼陽会戦．徴兵令改正(後備役を 5 年から 10 年に) 11 社会主義協会，結社禁止処分	1 韓国政府，日露両国に中立を通告 2 清国，局外中立を宣言 4 英仏協商成立
1905 (明治 38)	1 ロシア旅順守備軍降伏 3 奉天会戦 5 平民社でメーデー茶話会．日本海海戦	1「血の日曜日」(ロシア第一次革命)

	6 ルーズベルト米国大統領，講和斡旋 7 日本陸軍，樺太攻略．桂・タフト覚書 8 日露講和会議．第2回日英同盟協約調印．戸水事件 9 日露講和条約調印．日比谷暴動事件 11 第2次日韓協約調印．韓国各地で暴動 12 韓国統監府設置	3 イラン，立憲革命 8 孫文ら，中国革命同盟会結成(東京)
1906 (明治39)	1 第1次西園寺公望内閣．堺利彦ら日本社会党結成 3 非常特別税法改正(増税の恒久化)．鉄道国有法公布 10 山県有朋，帝国国防方針案を上奏 11 南満州鉄道会社設立	
1907 (明治40)	2 足尾銅山暴動に軍隊出動 7 第3次日韓協約調印．第1回日露協約調印 8 韓国で軍隊解散式，義兵運動広がる 9 軍令第1号	6 ハーグ密使事件 7 第1回日露密約成立 8 英露協商成立
1908 (明治41)	4 台湾縦貫鉄道全通 5 第10回総選挙(政友187，憲政本党70) 7 第2次桂太郎内閣 8 東洋拓殖会社法公布 10 戊申詔書	11 中国に関する高平・ルート協定
1909 (明治42)	1 桂首相と西園寺政友会総裁，妥協成立 7 閣議，韓国併合方針決定 10 伊藤博文，ハルビンで暗殺	
1910 (明治43)	7 第2回日露協約調印 8 韓国併合に関する日韓条約調印．朝鮮総督府設置 11 帝国在郷軍人会発会式	7 第2回日露密約成立

参考文献

本文のなかで直接に言及した文献をはじめ，執筆にあたって参考にしたものを掲げた．その他，ここでは紙数の関係からいちいち挙げないが，多くの文献に教えられたことを付記しておく(各項目ごとに刊行年代順に配列).

全体を通して

升味準之輔『日本政党史論』3，東京大学出版会，1967 年
坂野潤治『明治憲法体制の確立』東京大学出版会，1971 年
林茂・辻清明編『日本内閣史録』1，第一法規出版，1981 年
内田健三・金原左門・古屋哲夫編『日本議会史録』1，第一法規出版，1991 年
佐々木隆『藩閥政府と立憲政治』吉川弘文館，1992 年
井上光貞・永原慶二・児玉幸多・大久保利謙編『明治憲法体制の展開』上(日本歴史大系 14)山川出版社，1996 年
石井寛治『日本の産業革命』朝日選書，1997 年
加藤陽子『戦争の日本近現代史』講談社現代新書，2002 年
小林和幸『明治立憲政治と貴族院』吉川弘文館，2002 年
五百旗頭薫『大隈重信と政党政治』東京大学出版会，2003 年

はじめに

前田愛『成島柳北』朝日新聞社，1976 年
加藤祐三『黒船前後の世界』岩波書店，1985 年
籠谷直人『アジア国際通商秩序と近代日本』名古屋大学出版会，2000 年
芳賀徹編『翻訳と日本文化』山川出版社，2000 年
若桑みどり『皇后の肖像』筑摩書房，2001 年
神奈川大学人文学研究所編『日中文化論集』勁草書房，2002 年

第 1 章

高橋雄豺「明治二十五年の選挙干渉」高橋『明治警察史研究』3,

令文社，1963 年
田中時彦「大津事件」我妻栄編『日本政治裁判史録』明治・後，第一法規出版，1969 年
芝原拓自「帝国憲法体制の発足と貴族院」遠山茂樹編『近代天皇制の成立』岩波書店，1987 年
楠精一郎『児島惟謙』中公新書，1997 年
安田浩『天皇の政治史』青木書店，1998 年
三谷太一郎「大津事件における司法権と政治」三谷『政治制度としての陪審制』東京大学出版会，2001 年
原田敬一「第一議会における「地租軽減」実現の可能性について」『鷹陵史学』28，2002 年
原田敬一『帝国議会 誕生』文英堂，2006 年
秋本達徳「日清戦後期の民間産業助成政策」『鷹陵史学』33，2007 年

第 2 章

和田洋「初期議会と鉄道問題」『史学雑誌』84-10，1975 年
米谷尚子「現行条約励行をめぐる国民協会の実業派と国権派」『史学雑誌』86-7，1977 年
酒田正敏『近代日本における対外硬運動の研究』東京大学出版会，1978 年
山中永之佑編『新・日本近代法論』法律文化社，2002 年
松下孝昭『近代日本の鉄道政策』日本経済評論社，2004 年
高久嶺之介「京都府知事最末期の北垣国道」同志社大学『社会科学研究』74，2005 年

第 3 章

田保橋潔『日清戦役外交史の研究』刀江書院，1951 年
梅渓昇『明治前期政治史の研究』未来社，1963 年
中塚明『日清戦争の研究』青木書店，1968 年
高橋正幸「北村透谷と「平和」」『桐朋学報』20，1970 年
山田昭次「朝鮮問題と天皇制」『別冊・経済評論』1972 年秋季号
藤村道生『日清戦争』岩波新書，1973 年

坂野正高『近代中国政治外交史』東京大学出版会，1973 年
今井庄次『お雇い外国人　外交』鹿島出版会，1975 年
菊池邦作『徴兵忌避の研究』立風書房，1977 年
野原四郎『中国革命と大日本帝国』研文出版，1978 年
外山三郎『日本海軍史』教育社新書，1980 年
檜山幸夫「日清戦争宣戦詔勅草案の検討」『古文書研究』15，1980 年
村松定孝「鏡花小説・戯曲解題」同編『泉鏡花事典』有精堂出版，1982 年
朴宗根『日清戦争と朝鮮』青木書店，1982 年
大江志乃夫『靖国神社』岩波新書，1984 年
篠原宏『海軍創設史』リブロポート，1986 年
大谷正・原田敬一編『日清戦争の社会史』フォーラム・A, 1994 年
籠谷次郎「死者たちの日清戦争」(同上)
大谷正『近代日本の対外宣伝』研文出版，1994 年
中川清編『明治東京下層生活誌』岩波文庫，1994 年
原田敬一「軍隊と日清戦争の風景」『鷹陵史学』19，1994 年
藤村道生『日清戦争前後のアジア政策』岩波書店，1995 年
高橋秀直『日清戦争への道』東京創元社，1995 年
大谷正「旅順虐殺事件再考」『ヒストリア』149，1995 年
長島要一『明治の外国武器商人』中公新書，1995 年
加藤陽子『徴兵制と近代日本』吉川弘文館，1996 年
茂木敏夫『変容する近代東アジアの国際秩序』山川出版社, 1997 年
中塚明『歴史の偽造をただす』高文研，1997 年
大澤博明「日清開戦論」東アジア近代史学会編『日清戦争と東アジア世界の変容』下，ゆまに書房，1997 年
趙景達『異端の民衆反乱』岩波書店，1998 年
羽賀祥二「日清戦争記念碑考」『名古屋大学文学部研究論集』131，史学 44，1998 年
井上勝生「甲午農民戦争(東学農民戦争)と日本軍」田中彰編『近代日本の内と外』吉川弘文館，1999 年
原田敬一「戦争を伝えた人びと」佛教大学『文学部論集』84，2000 年

原田敬一『国民軍の神話』吉川弘文館，2001 年
姜孝叔「第 2 次東学農民戦争と日清戦争」『歴史学研究』762，2002 年
斎藤聖二『日清戦争の軍事戦略』芙蓉書房出版，2003 年
坂口満宏「解題」『近代日本「平和運動」資料集成』不二出版，2005 年
金明九「民族解放運動の発展と流れ」姜萬吉編著『朝鮮民族解放運動の歴史』法政大学出版局，2005 年
大谷正『兵士と軍夫の日清戦争』有志舎，2006 年

第 4 章

山田孝雄『国語の本質』白水社，1943 年
近藤喜博『海外神社の史的研究』明生堂，1943 年（大空社，1996 年復刻）
小笠原省三『海外神社史』海外神社史編纂会，1953 年（ゆまに書房，2004 年復刻）
中村哲「植民地法」鵜飼信成ほか編『講座 日本近代法発達史』第 5 巻，勁草書房，1958 年
黄昭堂『台湾民主国の研究』東京大学出版会，1970 年
許世楷『日本統治下の台湾』東京大学出版会，1972 年
春山明哲・若林正丈『日本植民地主義の政治的展開』アジア政経学会，1980 年
横森久美「台湾における神社」『台湾近現代史研究』4，1982 年
小林道彦「1897 年における高野台湾高等法院長非職事件について」『中央大学大学院論究』14，1982 年
若林正丈『台湾抗日運動史研究』研文出版，1983 年
大谷正「台湾における植民地統治機構の成立」『歴史科学』99・100，1985 年
山本有造『日本植民地経済史研究』名古屋大学出版会，1992 年
栗原純「明治憲法体制と植民地」『東京女子大学比較文化研究所紀要』54，1993 年
斎藤容子「桂園体制の形成と台湾統治問題」『史学雑誌』103-1，1994 年

高橋泰隆『日本植民地鉄道史論』日本経済評論社，1995年
イ・ヨンスク『「国語」という思想』岩波書店，1996年
呉密察「台湾の植民地型近代化への再認識」比較史・比較歴史教育研究会編『黒船と日清戦争』未来社，1996年
宮地正人「日本的国民国家の確立と日清戦争」(同上)
紅野謙介「1900年前後・中等教育の再編と「国語」教科の成立」『語文』95，1996年
佐藤弘毅「戦前の海外神社一覧(1)」『神社本庁教学研究所紀要』2，1997年
長志珠絵『近代日本と国語ナショナリズム』吉川弘文館，1998年
安田敏朗「日本語論のなかのアジア論」西川長夫・渡辺公三編『世紀転換期の国際秩序と国民文化の形成』柏書房，1999年
中島三千男「「海外神社」研究序説」『歴史評論』602，2000年
若林正丈「解説」同編『矢内原忠雄「帝国主義下の台湾」精読』岩波現代文庫，2001年
高木博志「官幣大社札幌神社と「領土開拓」の神学」岡田精司編『祭祀と国家の歴史学』塙書房，2001年
戴震宇『台湾的老火車站』遠足文化事業有限公司，2001年
森まゆみ『森の人 四手井綱英の九十年』晶文社，2001年
本康宏史「台湾神社の創建と統治政策」台湾史研究部会編『台湾の近代と日本』中京大学社会科学研究所，2003年
橋谷弘『帝国日本と植民地都市』吉川弘文館，2004年
謝国興「植民地期台湾における鉄道・道路運輸業」堀和生・中村哲編著『日本資本主義と朝鮮・台湾』京都大学学術出版会，2004年
菅浩二『日本統治下の海外神社』弘文堂，2004年
北原恵「皇室の出産・生殖をめぐる表象分析」田中真砂子・白石玲子・三成美保編『国民国家と家族・個人』早稲田大学出版部，2005年

第5章

山本四郎「明治初期の鉱山労働および労働運動」明治史料研究連絡会編『明治前期の労働問題』御茶の水書房，1960年

大河内一男・松尾洋『日本労働組合物語・明治』筑摩書房，1965 年
利谷信義「戦前の日本資本主義経済と法」『岩波講座　現代法』7，1966 年
吉井蒼生夫「日本近代法史研究の方法論について」『早稲田法学会誌』24，1974 年
青木正久「日鉄機関方争議の研究」労働運動史研究会編『黎明期日本労働運動の再検討』労働旬報社，1979 年
高村直助『日本資本主義史論』ミネルヴァ書房，1980 年
塙叡「明治三十二年の国籍法成立に至る過程」『芳賀幸四郎先生古稀記念日本社会史研究』笠間書院，1980 年
室山義正『近代日本の軍事と財政』東京大学出版会，1984 年
中村隆英『明治大正期の経済』東京大学出版会，1985 年
石井寛治「東アジアにおける帝国主義」歴史学研究会・日本史研究会編『講座日本歴史』8，東京大学出版会，1985 年
井口和起「日清・日露戦争論」(同上)
杉原薫「アジア間貿易の形成と構造」『社会経済史学』51-1，1985 年
今井清一「大都市市会議員三級連記選挙の比較研究」『横浜市立大学論叢』40-1，1989 年
西川俊作・阿部武司編『日本経済史』4・5，岩波書店，1990 年
山本義彦編著『近代日本経済史』ミネルヴァ書房，1992 年
原田敬一『日本近代都市史研究』思文閣出版，1997 年
二村一夫「高野房太郎小伝」高野房太郎『明治日本労働通信』(大島清・二村一夫編訳)，岩波文庫，1997 年
尾崎耕司「万国衛生会議と近代日本」『日本史研究』439，1999 年
清水唯一朗「隈板内閣における猟官の実相」『日本歴史』674，2004 年
清水唯一朗「政党内閣の成立と政官関係の変容」『史学雑誌』114-2，2005 年

第 6 章

島屋政一『日本版画変遷史』大阪出版社，1939 年(五月書房，1979 年復刻)

飛鳥井雅道「民友社左派と日清戦争」『文学』27-8，1959 年
飛鳥井雅道「社会小説の発展」『文学』27-9，1959 年
近盛晴嘉『人物日本新聞史』新人物往来社，1970 年
木坂基『近代文章の成立に関する基礎的研究』風間書房，1976 年
飛鳥井雅道「初期社会主義」『岩波講座 日本歴史』17，1976 年
松尾尊兊「田中正造の直訴について」『田中正造全集・月報』6，岩波書店，1977 年
有山輝雄「理想団の研究」1，2『桃山学院大学社会学論集』13-1，2，1979・1980 年
立花雄一『明治下層記録文学』創樹社，1981 年（増訂版，ちくま学芸文庫，2002 年）
成田龍一『加藤時次郎』不二出版，1983 年
伊狩章『新訂後期硯友社文学の研究』文泉堂出版，1983 年
東海林吉郎・菅井益郎『通史・足尾鉱毒事件』新曜社，1984 年
立花雄一「横山源之助小伝」横山源之助『日本の下層社会』岩波文庫，1985 年改版
紅野謙介「年譜」『二葉亭四迷全集』別巻，筑摩書房，1985 年
原子朗『文体の軌跡』沖積舎，1986 年
多田代三『岩手・新聞物語』岩手日報社，1987 年
山本駿次朗『報道画家山本松谷の生涯』青蛙房，1991 年
小林道彦「日清戦後の大陸政策と陸海軍」『史林』75-2，1992 年
有山輝雄『近代日本ジャーナリズムの構造』東京出版，1995 年
伊藤整『日本文壇史』3～9，講談社文芸文庫，1995 年
小田切秀雄『文学：近見と遠見と』集英社，1996 年
大谷正「日清戦争と従軍記者」『日清戦争と東アジア世界の変容』（前掲）
原田敬一「国権派の日清戦争」佛教大学『文学部論集』81，1997年
佐藤能丸『明治ナショナリズムの研究』芙蓉書房出版，1998 年
月脚達彦「独立協会の「国民」創出運動」『朝鮮学報』172，1999 年
土方苑子「中等学校の設置と地方都市」大石嘉一郎・金澤史男編著『近代日本都市史研究』日本経済評論社，2003 年
原田敬一「都市下層と「貧民窟」の形成」中野隆生編『都市空間の社会史 日本とフランス』山川出版社，2004 年

第7章

宿利重一『児玉源太郎』国際日本協会，1943年(マツノ書店，1993年復刻)
山辺健太郎『日韓併合小史』岩波新書，1966年
古屋哲夫『日露戦争』中公新書，1966年
大江志乃夫『日露戦争の軍事史的研究』岩波書店，1967年
旗田巍『朝鮮と日本人』勁草書房，1983年
森山茂徳『日韓併合』吉川弘文館，1992年
千葉功「日露交渉」『年報近代日本研究』18，1996年
千葉功「満韓不可分論＝満韓交換論の形成と多角的同盟・協商網の模索」『史学雑誌』105-7，1996年
江口圭一『日本帝国主義史研究』青木書店，1998年
大江志乃夫『バルチック艦隊』中公新書，1999年
柳沢遊『日本人の植民地経験』青木書店，1999年
海野福寿『韓国併合史の研究』岩波書店，2000年
磯前順一・深澤英隆編『近代日本における知識人と宗教』東京堂出版，2002年
原田敬一「陸海軍墓地制度史」『国立歴史民俗博物館研究報告』102，2003年
海野福寿『伊藤博文と韓国併合』青木書店，2004年
松尾尊兊「平民社の創立と存続についての若干の問題」『初期社会主義研究』17，2004年
山室信一『日露戦争の世紀』岩波新書，2005年
横手慎二『日露戦争史』中公新書，2005年

おわりに

松尾尊兊編『大日本主義か小日本主義か』東洋経済新報社，1995年
田村志津枝『台湾人と日本人』晶文社，1996年
潮木守一『京都帝国大学の挑戦』講談社学術文庫，1997年
呉密察「植民地大学とその戦後」(食野充宏訳)呉密察ほか編『記憶する台湾』東京大学出版会，2005年